GUIDE DU VOYAGEUR

A AMIENS

GUIDE
DU VOYAGEUR
A
AMIENS

DESCRIPTION
DES MONUMENTS ANCIENS ET MODERNES
suivie

d'une Biographie des Hommes remarquables

QUI SONT NÉS DANS CETTE CITÉ

Par H. CALLAND

OUVRAGE ILLUSTRÉ DE VIGNETTES

Et d'un Plan d'Amiens

AMIENS
TYPOGRAPHIE DE CARON ET LAMBERT
PLACE DU GRAND-MARCHÉ

1855

PRÉFACE.

Depuis plusieurs années, il a été publié successivement dans notre ville, des Guides ou Manuels, destinés à faire connaître au Voyageur la cité Amiénoise, à l'édifier sur son importance commerciale, à le diriger dans la recherche et l'appréciation de ses principaux monuments. De ces œuvres diverses, les unes, déjà trop anciennes, sont devenues surannées, incomplètes et inutiles, par suite des accroissements rapides, des changements extraordinaires, des transformations merveilleuses dont Amiens a été le théâtre depuis le commencement de ce siècle. Les autres, plus modernes, mais péchant presque toutes par défaut d'élégance, de méthode, de précision et de clarté, ne peuvent satisfaire convenablement l'attente de celui qui les consulte, et qui demande à un guide bien fait quelque chose de plus qu'une nomenclature sèche et stérile, que de descriptions froides, dénuées de vivacité, de chaleur et d'imagination.

Les défauts que nous venons de signaler, nous nous sommes efforcés de les éviter : nous avons voulu autant qu'il était en nous, parler dignement des sujets intéressants que nous avions à traiter. Nous avons considéré notre magnifique Cathédrale, par exemple, non seulement au point de vue de ses beautés matérielles, mais encore à celui du sentiment artistique, intellectuel, moral et chrétien : nous n'avons pas seulement mesuré la superficie de son chœur et de sa nef, la hauteur de ses colonnes, l'élévation de ses voûtes, nous avons exprimé en termes profondément sentis, combien l'âme est vivement remuée à l'aspect d'un temple si noblement grandiose, combien la pensée religieuse, les aspirations vers l'infini, se développent et grandissent au sein de cette vaste étendue.

Cet ouvrage est particulièrement destiné aux Voyageurs que le besoin de leurs affaires ou l'impulsion de la curiosité conduit dans notre cité Picarde : nous croyons néanmoins l'avoir disposé de manière à intéresser également nos concitoyens, qui trouveront dans ce petit livre, sous une forme concise et succinte, l'expression vraie, sensible et palpable de l'Amiens actuel, tel que nous le voyons avec sa Cathédrale rajeunie et radieuse encore, malgré ses six siècles d'existence, son débarcadère grandiose, sa ceinture de voies ferrées, ses boulevards spacieux, couronnés d'une quadruple rangée d'arbres, son Musée qui s'élève et grandit au milieu d'un concours d'habiles ouvriers ; ils auront encore une image nette, précise et distincte de l'Amiens d'autrefois, avec son beffroi à la pyramide effilée, ses innombrables églises, ses monastères, ses couvents, ses chapelles, ses abbayes, ses fossés larges et profonds, ses remparts élevés l'entourant comme d'une solide et impénétrable cuirasse, ses portes épaisses et massives, ses ponts flanqués de tours ventrues, enfin toute sa physionomie sévère et féodale.

Ils pourront comparer ainsi les temps actuels aux siècles écoulés, la ville morte à la ville vivante, les progrès dévorants de l'industrie à l'inerte insouciance des temps anciens, l'activité incessante d'une population remuante et agitée, pareille à une immense république d'abeilles, aux ascétiques rêveries des époques monacales.

Ils y remarqueront encore, réunies dans un chapitre particulier, des notices détaillées, et placées dans un ordre chronologique, sur les hommes distingués qu'Amiens a produits, et qui se sont illustrés dans les sciences, les lettres, la religion ou les armes.

Enfin, pour que rien ne manque au but essentiellement pratique de cet ouvrage, nous y avons consacré en dernier lieu quelques pages aux renseignements qui peuvent intéresser le plus les Voyageurs, et leur faciliter l'exploration de la capitale de la Picardie.

GUIDE DU VOYAGEUR A AMIENS.

INTRODUCTION.

Le voyageur, emporté rapidement par l'impétueuse locomotive des bords de la Seine aux plaines de la Picardie, qui pour la première fois se dirige vers la cité Amiénoise, ne saurait, en y arrivant sur la ligne ferrée, se faire une juste idée de sa grandeur, de son importance ni même de sa position réelle. Depuis la station de Longueau et presque jusqu'à la vaste gare qui doit l'accueillir sous ses voûtes élancées, les talus escarpés qui bordent le chemin, ne permettent nullement à la vue de s'étendre; alors même que l'on s'approche davantage de la ville, des ondulations de terrain sont disposées de telle sorte que les bâtiments accessoires du débarcadère frappent seuls les regards, et l'on se trouve dans Amiens avant d'avoir pu même soupçonner qu'on en fût aussi rapproché. Ce n'est qu'après avoir franchi la porte d'entrée de la gare que l'on s'aperçoit, en contemplant la ligne imposante des boulevards et les premières maisons de la large rue de Noyon, que l'on est transporté au sein d'une ville aux abords grandioses, aux bâtisses régulières et bien proportionnées, entourée d'une verdoyante ceinture d'arbres au port majestueux.

Pour saisir et embrasser Amiens dans son ensemble, il faut se transporter au point culminant de la montée vulgairement appelée *montagne de Dury*, à la sortie du faubourg de Beauvais, sur l'ancienne route de Paris à Amiens. De cette élévation, le spectateur, tourné vers le Nord, peut admirer dans tout son développement le panorama le plus vaste et le plus étendu : devant lui, à la distance voulue pour en distinguer parfaitement l'ensemble et les détails principaux, au sein de la vallée qui s'infléchit vers la Somme par une pente insensible, s'étend, dans une largeur considérable, la capitale de la Picardie, projetant, sur l'azur d'un ciel aux teintes un peu pâles, les silhouettes de ses nombreux édifices. A sa droite se dresse, surmontée de son clocher tailladé à jour, à la flèche svelte et délicate, la masse prodigieuse de sa splendide cathédrale, monument à jamais célèbre, merveille des temps anciens, qui semble protéger et garder, à l'ombre de ses vastes ailes, la ville couchée à ses pieds. Après lui, en portant ses regards du côté de l'occident, s'élève la tour du Beffroi, sur laquelle se détache le cercle blanc de son cadran, dont on peut apercevoir les chiffres à un kilomètre de distance. Près de cet édifice de forme massive, apparaissent, plus modestes dans leur élévation, la tour de l'église de Saint-Germain, celle de Saint-Jacques : puis çà et là se dressent, pareils à des doigts indicateurs levés vers le ciel, ces aiguilles rondes, ces obélisques de l'industrie, comme on les a si ingénieusement appelés, qui témoignent de la haute importance d'Amiens comme ville industrielle et commerciale. Plus loin encore, vers le couchant, pareille à un bois touffu aux cîmes verdoyantes, aux fraîches ombres, s'étend la magnifique promenade de la Hotoie; vers le nord, on distingue les hautes murailles en brique rouge de la citadelle, qui rappellent, vivants et animés, les souvenirs du temps de Henri IV et du siége soutenu contre les Espagnols. Ainsi, tout ce qui peut donner de l'importance et de la valeur à une grande cité, édifices religieux, constructions industrielles, monuments anciens portant sur leur front vénérable l'empreinte des siècles écoulés, promenades et boulevards offrant à ses habitants, sous de riants ombrages, des jardins émaillés de fleurs et de longues allées tirées au cordeau, tout se résume pour ainsi dire dans un seul coup-d'œil, et laisse dans l'âme charmée de ce tableau grandiose, une impression à la fois vive et durable.

Après avoir ainsi considéré son aspect extérieur, sa physionomie et son ensemble, examinons maintenant sa situation, son origine, et les différences qui existent entre la ville d'autrefois et la ville d'aujourd'hui.

Amiens, d'abord *Samarobriva*, puis *Ambianum*, ville ancienne, dont la fondation remonte à des temps très-reculés, était, avant la révolution de 1789, la capitale du gouvernement de Picardie, province opulente et mémorable dans les annales de notre histoire. Aujourd'hui chef-lieu de préfecture du département de la Somme, elle est située à peu près au centre de ce riche département, dans une vallée fertile, sur les rivières de Somme et d'Avre, et sur le canal de la Somme, qui l'entoure au nord d'une ceinture demi-circulaire. Communiquant avec la mer par la Somme et le canal de Saint-Quentin, et avec Paris, Londres et Bruxelles par un double chemin de fer, Amiens, dès longtemps considérée comme la onzième ville de l'empire français, est appelée à tenir un jour le premier rang parmi les plus importantes et les plus favorisées.

Elle est située à 0°,2' 4" de longitude occidentale (méridien de Paris), et à 49° 53' 38" de latitude N. Sa distance légale de Paris est de 128 kilomètres.

Elle est le siége d'une cour impériale, d'une subdivision militaire et d'un arrondissement forestier. Elle possède un évêché, cour d'assises, tribunaux de première instance et de commerce, quatre justices-de-paix et un conseil de prud'hommes; il y a chambre de commerce, bourse, académie des sciences, belles-lettres, arts, commerce, école secondaire de médecine et jury médical, école normale, grand séminaire, lycée impérial et différents cours publics. Amiens possède, en outre, une société des antiquaires, une société philharmonique, un musée, une société des amis des arts qui, tous les ans le 1er juillet, ouvre une grande exposition à la salle de la Bourse, une société d'horticulture ayant deux expositions, une la semaine qui précède la semaine sainte et l'autre en septembre, et un comice agricole. Les établissements philanthropiques abondent : Hôtel-Dieu, hospice pour les enfants abandonnés et les vieillards, hospice pour les incurables, salles d'asile, nombreuses écoles primaires gratuites. Amiens a deux réunions connues sous le nom de *Cercle de l'Union*, rue des Trois-Cailloux, et *Cercle de l'Industrie*, rue Delambre : les étrangers présentés y sont admis. Il y a en outre plusieurs salons littéraires et un théâtre, rue des Trois-Cailloux, desservi par une troupe sédentaire qui, huit mois de l'année, joue trois fois par semaine l'opéra comique, le drame, la comédie et le vaudeville.

D'après le dernier recensement, la population d'Amiens s'élève à 52,149 habitants.

On y entre par neuf barrières. Il y a neuf faubourgs et 6 banlieues

Rivières. — Trois rivières l'arrosent, la *Somme* la *Selle* et l'*Avre*.

1° La *Somme* prend sa source au village de Fonsommes (Aisne), à 8 kilom. au-dessus de Saint-Quentin, traverse une partie de l'arrondissement de cette ville, entre dans le département auquel elle donne son nom, arrose successivement Ham, Péronne, Bray, Corbie, entre dans Amiens par deux lits différents, se partage en douze canaux qui se réunissent au Pont-Saint-Michel, après avoir alimenté un grand nombre d'usines. Au sortir de ce pont, le fleuve tourne le port d'Aval, où abordent les navires qui remontent le canal de Saint-Valery et d'Abbeville ; reprend ensuite son cours jusqu'à Abbeville dont il baigne l'extrémité, puis va se jeter dans la Manche, entre le Crotoy et Saint-Valery, après avoir reçu l'Ancre, l'Avre, la Selle et plusieurs autres petites rivières. Depuis sa source jusqu'à son embouchure, il parcourt, d'abord du nord-est au sud-ouest, puis de l'est à l'ouest, une longueur de 160 kilomètres.

2° La *Selle* prend sa source à Catheux (Oise), et se jette en deux bras dans la Somme au-dessous d'Amiens, après un parcours de 35 kilomètres.

3° L'*Avre* prend sa source et son nom à Avricourt (Oise), passe à Roye, Pierrepont, Moreuil et Boves. Avant d'arriver aux ponts de Longueau, elle se partage en deux bras, dont l'un vient se réunir à la Somme, près de Camon (à 4 kilom. d'Amiens), et dont l'autre, prenant une direction opposée, traverse le village de la Neuville-lès-Amiens, borde la promenade de la Voirie, entre dans la ville par le port de la Barrette, passe sous le Château-d'eau, et se jette dans la Somme à l'endroit appelé autrefois la *Barbacane*.

Climat, Température. — La ville d'Amiens n'est dominée par aucune montagne élevée : l'air y est pur, le courant qui règne ordinairement sur la Somme peut s'y renouveler sans obstacle. Cependant les brouillards y sont assez fréquents, à cause de sa position au sein d'une vallée en plusieurs endroits très-marécageuse.

Le printemps et l'été y sont de courte durée; l'automne est la saison la plus belle et la mieux soutenue; l'hiver y est presque toujours long, froid et humide à la fois.

Le baromètre, dans son plus grand abaissement, donne 734 millimètres; dans sa plus grande élévation, 777 millimètres. — Le thermomètre de Réaumur s'élève jusqu'à 28 degrés au-dessus de 0, et s'abaisse à 15 degrés au-dessous, et quelquefois même plus bas encore.

Circonférence, Superficie. — La circonférence de la ville, ou l'étendue totale de son enceinte extérieure, y compris Henriville, est de 5,150 mètres. — Cette enceinte est très-irrégulière; elle est de forme à peu près pentagonale. Sa superficie est de 1,726,400 mètres carrés.

Rues, Places et Impasses d'Amiens. — En 1806, on y comptait 150 rues, 12 impasses, 7,134 maisons, 6,693 ménages, et 39,853 habitants, y compris ceux de la banlieue.

Plus de 200 rues, 20 places, 21 impasses, quelques cours et plusieurs passages importants coupent aujourd'hui la ville d'Amiens. Quoique généralement irrégulières et portant encore les traces des temps où la capitale de la Picardie était place de guerre, beaucoup de rues se sont heureusement modifiées, et les principales d'entr'elles sont larges et bien ouvertes. Les plus remarquables sont celles de Noyon, des Trois-Cailloux, des Sergents, des Rabuissons. Dans cette dernière se trouvent l'Hôtel de la Préfecture, la Bibliothèque et le Musée actuellement en construction sur l'emplacement de l'ancien Arsenal. La plus longue est la chaussée Saint-Leu. Le nombre des maisons, considérablement accru depuis la fin du siècle dernier, s'élève maintenant à 11,243; leur hauteur moyenne est de deux à trois étages; un grand nombre pourtant, principalement dans les bas quartiers, n'ont qu'un étage. Le temps, le goût, la prospérité commerciale ont contribué à les renouveler, à les embellir. Celles qui entourent la place Saint-Denis, toutes construites d'après un plan uniforme, présentent à l'œil le plus agréable aspect. Année commune, on emploie 25,000 pavés pour le pavage des rues. Amiens forme, avec sa banlieue, quatre arrondissements ou Justices-de-Paix. L'arrondissement Nord-Est renferme 10,995 habitants; celui Sud-Est, 14,987; celui Sud-Ouest, 15,217; et celui Nord-Ouest, 10,921 et 29 réfugiés. Le nombre total des habitants est donc de 52,149.

TABLEAU

DES RUES, PLACES, PASSAGES, COURS ET IMPASSES D'AMIENS, ET DE SA BANLIEUE (*).

A.

4 Abattoir (quai de l'), faubourg de la Hotoie.
4 Abbeville (route d'), faub. de Hem.
4 Abbeville (route d'), faub. de la Hotoie.
4 Abbeville (route d'), Montières.
2 Abladène (rue d'), La Neuville.
2 Agrapin (rue de l'), La Neuville.
2 Agrapin (l'), La Voirie.
4 Albert (chaussée d'), faub. Saint-Pierre.
2 Alger (rue d').
4 Allonville (route d'), faub. Saint-Pierre.
4 Allonville (rue neuve d'), faub. Saint-Pierre.
4 Amiens (chemin d'), Longpré.
2 Amiens (rue d'), Boutillerie.
4 Amiens (rue d'), Renancourt.
4 Andouille (rue de l').
4 Araignées (impasse des).
4 Archers (rue des).
4 Arts (passage des).
4 Artus (cour).
2 Augustins (rue des).
2 Augustins (petite rue des).
4 Aventure (rue de l').
4 Azéronde (rue).

B.

4 Barabant (boulevard).
2 Barette (rue de la).
2 Barette (petite rue de la).
2 Barette (passage de la).
2 Bastion (rue du), grand faubourg de Noyon.
3 Beauregard (rue), faubourg Saint-Fuscien
3 Beauvais (boulev. de), grand faubourg de Beauvais.
3 Beauvais (esplanade de), côté droit, petit faubourg de Beauvais.
3 Beauvais (esplanade de), côté gauche, grand faubourg de Beauvais.
3 Beauvais (grande rue de).

(*) Les chiffres placés en tête du nom des rues, etc., indiquent l'arrondissement de chacune d'elles.

A AMIENS.

3 Beauvais (petite rue de).
1 Becquerelles (rue des).
4 Béguinage (rue du).
2 Belair (rue du), Boutillerie.
3 Bellevue (rue), faub. Saint-Fuscien.
1 Bertricourt (hameau), Longpré.
2 Bibliothèque (rue de la).
4 Bicêtre (rue de), côté droit, faubourg de la Hotoie.
3 Bicêtre (rue de), côté gauche, Petit-Saint-Jean.
2 Blamont (rue du), grand faubourg de Noyon.
1 Blanquetaque (rue).
3 Blasset (rue), grand faubourg de Beauvais.
4 Bloc (rue du).
2 Bois (rue du), La Neuville.
2 Bondes (rue des).
1 Bonnards (rue des), faubourg Saint-Pierre.
1 Bonvallet (rue), St.-Maurice.
1 Bordeau (rue du).
3 Boucaque (rue du).
1 Bouchers (rue des).
3 Bouquet (rue Dom), petit faubourg de Beauvais.
1 Bourelles (rue des).
1 Bouteilles (rue des).
3 Briques (rue des).
4 Butteux (allée), Renancourt.

C.

2 Cagny (route de), La Neuville.
2 Cailloux (rue des Trois).
2 Calandre (impasse de la).

4 Calvaire (rue du), Renancourt.
2 Camp-des-Buttes (rue du).
1 Canal (rue du), St.-Maurice.
1 Cange (boulevard du).
2 Cannettes (rue des).
1 Canteraine (rue.
3 Capucins (rue des).
3 Capucins (rue neuve des).
3 Capucins (passage des).
2 Castille (rue), petit faubourg de Noyon.
3 Caumartin (rue).
1 Célestins (boulevard des)
3 Cérisy (rue de).
4 Chaises (rue des doubles).
3 Champs (r. neuve des petits).
4 Chapeau-de-Violettes (r. du).
4 Chapitre (cour du), Renancourt.
4 Château (rue du), Montières.
4 Château de Milan (rue du), faubourg de Hem.
3 Chaudronniers (rue des).
4 Chauvelin (rue), faubourg de Hem.
4 Chemin de Grâce (rue du), Montières.
3 Cheval blanc (rue du).
4 Christ (rue du), Montières
3 Cimetière St.-Roch (rue du, Petit-Saint-Jean.
1 Citadelle (la).
1 Citadelle (rue de la), Saint-Maurice.
2 Clabant (rue), petit faubourg de Noyon.
4 Clairgnat (rue), Renancourt.
1 Clairons (rue des).
1 Clairons (passage des).

1.

2 Cloître de la Barge (rue du).
2 Cloître de l'Horloge (rue du).
2 Cloître Notre-Dame (rue du).
2 Cloître St.-Nicolas (rue du).
1 Coches (rue des).
1 Coches (passage des).
4 Cocq (rue du), f. de la Hotoie.
2 Cocquerelle (rue), petit faubourg de Noyon.
2 Collége (rue du).
2 Comédie (passage de la).
2 Commerce (passage du).
2 Constantine (rue de).
2 Contrescarpe (rue de la), petit faub. de Noyon.
3 Conty (rue neuve de), grand faubourg de Beauvais.
1 Corbie (route de), f. St-Pierre.
2 Corbie (rue de).
2 Cordeliers (impasse des).
2 Cordeliers (passage des).
2 Cordeliers (rue des).
2 Cornes (rue des hautes).
2 Cornet (rue), petit faubourg de Noyon.
2 Corps-Nuds-s.-Têtes (rue des).
3 Corroyers (rue des).
3 Cozette (rue), grand faub. de Beauvais.
1 Crevasse (rue de la).
2 Crignons (rue des).
2 Crosse (impasse de la).
1 Cruchons (rue des), faubourg Saint-Pierre.

D.

1 Dame-Jeanne (rue).
2 Damis (rue), petit faubourg de Noyon.

2 Debray (rue), Henriville.
2 Dejean (rue), grand faubourg de Noyon.
3 Delambre (rue).
2 Delamorlière (rue), grand faubourg de Noyon.
3 Demi-Lune (rue de la), Petit-Saint-Jean.
3 Desprez (rue).
2 Dewailly (rue), petit faub. de Noyon.
2 Digeon (rue), faubourg Saint-Fuscien.
1 Dodane (rue de la).
1 Don (place du).
1 Don (rue du).
1 Doullens (route de), Saint-Maurice.
1 Doullens (route de), faubourg Saint-Pierre.
2 Du Cange (petite rue), petit faubourg de Noyon.
2 Du Cange (rue), faubourg Saint-Fuscien.
3 Duminy (rue), grand faub. de Beauvais.

E.

1 Ecluse (quai de l'), Saint-Maurice.
1 Écluse (rue de l'), St-Maurice.
2 Ecoles Chrétiennes (rue des).
4 Église (rue de l'), Montières.
1 Église (rue de l'), St-Maurice.
1 Enbas (rue d'), Longpré.
4 Enfer (rue d'), Montières.
1 Engoulvent (rue d').
1 Entonnoir (rue de l').
2 Est (boulevard de l').

4 Étouvy (hameau d'), Montières.
4 Étouvy (rue d'), Montières.
3 Évrard de Fouilloy (rue), grand faub. de Beauvais.

F.

1 Falaise (rue de la), Saint-Maurice.
2 Faubourg de Noyon (rue du grand), grand faubourg de Noyon et la Neuville.
2 Faubourg de Noyon (rue du petit), petit faub. de Noyon.
3 Flamand (rue).
3 Fontaine (boulevard).
4 Fontaine (rue).
2 Fontaine (rue de la), Boutillerie.
1 Fontaine d'Amour (rue de la).
2 Fossé (petite rue du), petit faubourg de Noyon.
2 Fossé (rue du), faubourg Saint-Fuscien.
3 Four-à-Pâtés (rue du).
3 Four-des-Champs (rue du).
3 Francs-Mûriers (rue des).
4 Frères (boulevard des), à partir de la 1/2 lune, faub. de la Hotoie.
3 Frères (boulevard des), jusqu'à la 1/2 lune, Petit-Saint-Jean.

G.

4 Gantiers (rue des).
4 Garde-Toire (rue de la), Renancourt.

1 Gayan (barrière de), Saint-Maurice.
4 Girard (rue Philippe de), faubourg de Hem.
2 Gloriette (rue).
1 Granges (rue des).
3 Gresset (rue).
2 Gribeauval (rue), faubourg Saint-Fuscien.
4 Guindal (rue du).
3 Guyencourt (boulevard), petit faubourg de Beauvais.
1 Guyenne (rue de).

H.

4 Hallebarde (rue de la).
2 Henri IV (rue).
2 Hocquet (rue du).
3 Hôtel-de-Ville (place de l').
4 Hotoie (rue de la).
1 Huchers (place des).
1 Huchers (rue des).
3 Huguenots (petite rue des).
3 Huguenots (rue des), petit faubourg de Beauvais.

J.

2 Jacobins (rue des).
4 Jacquart (rue), faub. de Hem.
4 Jardin-des-Plantes (boul. du).
2 Jardinet (rue du).
2 Jardinier (rue du petit), grand faubourg de Noyon.
2 Jardins (rue des), grand faubourg de Noyon.
4 Jeanne-Natière (rue).
4 Job (rue de).

L.

3 Laurendeau (rue), grand faubourg de Beauvais.
4 Ledieu (rue), faubourg de la Hotoie.
2 Legrand d'Aussy (rue), grand faubourg de Noyon.
3 Lemâtre (rue), grand faub. de Beauvais.
3 Lemerchier (rue), Henriville.
3 Lenoël (passage).
4 Lille (rue de), Montières.
3 Lin (rue au).
3 Lirots (rue des).
2 Logis-du-Roi (passage du).
3 Lombards (rue des).
3 Long-rang (rue du), petit faubourg de Beauvais.
4 Longuet (rue), Montières.
3 Longueville (boulev.), grand faubourg de Beauvais.
2 Loup (rue du).
2 Louvel (rue des).

M.

1 Mai (cour de).
2 Mail (boulevard du).
2 Mail (rue du).
1 Majots (rue des).
4 Marché-au-Feurre (place du).
4 Marché-de-Lanselles (pl. du).
3 Marché-au-Fil (place du).
4 Marché-aux-Bestiaux (place du), faub. de la Hotoie.
2 Marais (rue du), Boutillerie.
1 Marais (rue du), faub. Saint-Pierre.
2 Marais (rue du), La Neuville.
1 Marais (rue du), Longpré.
4 Marais (rue du), Montières.
4 Marais de Hem (rue du), faubourg de Hem.
1 Marissons (rue des).
3 Martin-Bleu-Dieu (rue).
2 Masclef (rue), grand faub. de Noyon.
1 Masson (rue Joseph), Longp.
4 Mathieu (rue), Montières.
3 Mâtins (impasse des Jeunes).
3 Mâtins (rue des Jeunes).
4 Maubert (place).
4 Maulereux (le).
2 Mazagran (rue de).
3 Metz (rue de).
2 Metz-l'Evêque (rue de).
4 Meûniers (allée des), Renanc.
1 Meûniers (rue des), Saint-Maurice.
1 Minimes (rue des).
1 Minimes (petite rue des).
1 Minimes (rue neuve des).
1 Minimes (place des).
4 Molliens Vidame (rue de), Montières.
4 Mondain (rue).
3 Montagne (rue de la), petit Saint-Jean.
1 Montagne-aux-Chevaux (rue de la), faub. St.-Maurice.
4 Montmignon (impasse), faubourg de la Hotoie.
3 Montplaisir (place), côté droit faub. Saint-Fuscien.
2 Montplaisir (place), côté gauche, faub. Saint-Fuscien.
3 Montplaisir (rue), faubourg Saint-Fuscien.

4 Motte (cour).
1 Motte (rue).
3 Moulin (rue du), grand faub. de Beauvais.
3 Moulin (rue neuve du), grand faubourg de Beauvais.
4 Moulin-du-Roi (rue du).
4 Moulin-Neuf (rue du).

N.

2 Napoléon (rue).
2 Narine (rue de).
1 Navet (rue du gros).
2 Neuve (rue).
2 Neuville (rue de la), grand faubourg de Noyon.
2 Notre-Dame (place).
4 Notre-Dame (rue basse).
2 Noyon (esplanade de), grand faubourg de Noyon.
2 Noyon (rue de).

O.

2 Oratoire (rue de l').
4 Orfèvres (rue des).

P.

2 Palais-de-Justice (rue du).
1 Paniers (rue des).
3 Paniers (impasse des trois).
1 Parcheminiers (rue des).
3 Paris (route de), grand faub. de Beauvais.
4 Passementiers (impasse des).
1 Passerelle (quai de la), Saint-Maurice.

3 Pâture (rue de la), grand faubourg de Beauvais.
1 Pavée (rue).
2 Périgord (place).
4 Petit-Jean (rue), Renancourt.
2 Pierre l'Ermite (rue).
2 Pinceau (rue du), grand faubourg de Noyon.
1 Place (la), Longpré.
2 Place (la), La Neuville.
2 Pleinseau (le), grand faub. de Noyon.
1 Plumette (rue de la).
2 Pointin (rue), petit faubourg de Noyon.
4 Poirés (rue des).
4 Poissonnerie-d'Eau-Douce (petite rue de la).
4 Poissonnerie-d'Eau-Douce (rue de la).
1 Pont-à-Moinet (rue du).
3 Pont-à-Vaches (rue du), petit Saint-Jean.
1 Pont-Becquet (rue du).
4 Pont-Calais (rue du).
1 Pont-d'Amour (rue du).
2 Pont-de-Longueau (le), La Neuville.
4 Pont-de-Metz (rue du), Renancourt.
1 Pont-de-Pierres (rue du), Saint-Maurice.
4 Pont-du-Cange (rue du).
2 Pont-Piperesse (rue du).
3 Ponts (rue des deux), petit Saint-Jean.
4 Port (boulevard du).
4 Port (rue du).
2 Port d'Amont (place du).
2 Porte-Paris (rue de la).

3 Poudrière (rue de la).
1 Poulies (rue des).
3 Prairie (rue de la), Petit-Saint-Jean.
3 Prémontrés (rue des), Petit-Saint-Jean.
4 Près-Forêts (rue des), faub. de la Hotoie.
1 Presbytère (rue du), faub. Saint-Pierre.
2 Puits-Vert (rue du).

Q.

1 Quai (place du petit).
4 Quai (petite rue du).
4 Quai (rue du).
1 Queue-de-Vache (rue de la).
4 Quincampoix (rue).

R.

2 Rabuissons (rue des).
3 Renaissance (passage de la).
4 Renancourt (rue de), faub. de Hem.
1 Rinchevaux (rue des).
2 Riolan (rue), grand faubourg de Noyon.
4 Riquier (rue).
1 Rivery (rue du petit), faub. Saint-Pierre.
3 Robert de Luzarches (rue), grand faub. de Beauvais.
2 Rohaut (rue), petit faubourg de Noyon.
3 Rouen (route de), petit faubourg de Beauvais.
2 Rubempré (impasse).

2 Rue (grande), La Neuville.
1 Rue (grande), Longpré.
4 Rue (grande), Montières.
1 Ruellette de la place Longpré.
1 Ruellette (rue de la), faub. Saint-Pierre.
3 Rumigny (rue de), grand faubourg de Beauvais.

S.

3 Sablière (rue de la), petit faubourg de Beauvais.
3 Sablière (rue de la), Petit-Saint-Jean.
1 Sac (rue du), Longpré.
2 Saint-Acheul (chaussée de), La Neuville.
2 Saint-Acheul (rue de), La Neuville.
3 Saint-Charles (boulevard).
2 Saint-Claude (rue), grand faubourg de Noyon.
2 Saint-Denis (rue).
2 Saint-Denis (place).
2 Saint-Dominique (rue).
2 Saint-Dominique (r. neuve).
4 Saint-Firmin (place).
2 St-Firmin-le-Confesseur (rue).
2 Saint-François (rue), grand faubourg de Noyon.
3 Saint-Fuscien (rue), côté droit, faub. St.-Fuscien.
2 Saint-Fuscien (rue), côté gauche, faub. St.-Fuscien.
2 Saint-Geoffroy (rue), faub. Saint-Fuscien.
4 Saint-Germain (île).
4 Saint-Germain (petite rue).

4 Saint-Germain (rue).
4 Saint-Germain (rue basse).
3 Saint-Honoré (rue), grand faubourg de Beauvais.
3 Saint-Honoré (rue neuve), grand faubourg de Beauvais.
3 Saint-Jacques (boulevard).
3 Saint-Jacques (rue).
3 Saint-Jean (rue du petit), petit faubourg de Beauvais.
3 Saint-Jean (grande rue du petit), Petit-Saint-Jean.
1 Saint-Léger (rue), Longpré.
1 Saint-Leu (rue).
1 Saint-Leu (petite rue).
3 Saint-Louis (rue), grand faubourg de Beauvais.
3 Saint-Martin (rue).
3 Saint-Martin (place).
4 Saint-Martin (rue basse).
2 St.-Martin-des-Champs (rue), grand faub. de Noyon.
1 Saint-Maurice (grande rue), faub. Saint-Maurice.
1 Saint-Maurice (quai de).
1 Saint-Maurice (rue).
2 Saint-Michel (boulevard).
2 Saint-Michel (place).
3 Saint-Patrice (impasse).
1 Saint-Pierre (chaussée).
1 Saint-Pierre (esp. de la porte).
2 Saint-Remi (rue).
2 Saint-Remi (petite rue).
2 Saint-Remi (place).
4 Saint-Roch (rue), partie faubourg de la Hotoie.
3 Saint-Roch (rue), partie Petit-Saint-Jean.
4 Saint-Roch (rue du petit), Petit-Saint-Jean.
1 Saint Sulpice (boulevard).
1 Sainte-Aragone (île), Saint-Maurice.
4 Sainte-Catherine (rue).
1 Sainte-Claire (rue).
3 Sainte-Marguerite (rue).
4 Sainte-Marguerite (petite rue).
2 Saintes-Maries (rue des).
3 Salle d'Asile (rue de la), Petit-Saint-Jean.
4 Sans-Boutons (impasse), faubourg de la Hotoie.
4 Sausserons (rue des trois).
3 Sellier (impasse Jean), grand faubourg de Beauvais.
3 Sergents (rue des).
2 Sire-Firmin-Leroux (rue).
4 Sœurs-Grises (passage des).
4 Sœurs-Grises (rue des).
2 Soleil (rue du).
1 Somme (quai de la), Saint-Maurice.
2 Soufflets (rue des).
3 Sylvius (rue), grand faubourg de Beauvais

T.

1 Taillefer (rue).
4 Tanneurs (rue basse des).
4 Tanneurs (rue haute des).
1 Tappeplomb (rue).
1 Teinturiers (rue des), Saint-Maurice.
2 Terrière (rue de la), La Neuville.
3 Timons (rue des faux).
4 Tourne-Coiffe (rue).

1 Traversière (rue), Saint-Maurice.
4 Tripes (rue des).
4 Tuerie (place de la).

U.

3 Union (rue de l').

V.

2 Vallée (rue de la), grand faubourg de Noyon.
2 Vascosan (rue), petit faubourg de Noyon.
1 Veillère (rue de la).
1 Veillère (grande rue de la).
1 Veillère (petite rue de la).
1 Veillère (r. du milieu de la).
1 Veillère (rue du bout de la).
3 Vergeaux (rue des).

4 Véronique (rue).
3 Verte (rue).
3 Verts-Aulnois (rue des).
3 Verts-Moines (rue des).
4 Vidame (rue du bas).
4 Vidame (rue du grand).
1 Vignacourt (route de), Saint-Maurice.
1 Ville (rue de).
2 Vivier (rue du), grand faubourg de Noyon.
3 Voclin (rue).
2 Voirie (rue de la), Voirie.
2 Voirie (ruelle de la), Voirie.
3 Voiture (rue), faub. Saint-Fuscien.

W.

3 Wattelets (rue des).
3 Wattelets (rue neuve des).

Industrie. — La ville d'Amiens a toujours tenu un rang distingué parmi les cités industrielles de France. La fabrique de ses étoffes est l'une des plus étendues, une des plus actives de l'empire. On y fabriquait des draps d'or et de soie; on y a imité et on y imite encore avec succès une grande partie des étoffes de laine qui se fabriquent en Angleterre. Celles qui s'y confectionnent le plus communément sont des pannes, des peluches, des camelots poils mi-soie et laine, des velours d'Utrecht, gauffrés et imprimés, des velours imprimés pour meubles, des étoffes de coton, du piqué de coton, des draps, des casimirs, des alépines, des serges de diverses espèces, des tapis, des moquettes, des toiles et tissus de lin, des toiles communes pour emballage, etc., etc.

Commerce. — Amiens commerce en blé, farines, avoines, graines de toute espèce, huiles, savons, etc. La renommée a publié partout la perfection, le goût exquis de ses pâtés de canards. Il s'en fait des envois considérables dans toute la France, et jusque dans les contrées les plus lointaines du globe. Amiens est encore le centre d'un commerce d'importation fort étendu, que favorisent le canal de cette ville et sa position entre Paris et la mer. Parmi les marchandises que l'on en peut tirer, il faut citer principalement tout ce que fournit le commerce de Marseille, en production et étoffes du Levant, en épiceries et en drogueries; Bordeaux, La Rochelle, Nantes, le Hâvre, ont l'habitude d'y expédier beaucoup de leurs denrées, notamment des vins et eaux-de-vie, des bois pour la teinture, des cafés, du sucre raffiné, du sel, du coton, des graines oléagineuses, etc.; enfin toutes les denrées que l'Espagne, le Portugal, l'Angleterre, la Hollande et le

Nord fournissent à la France. Depuis que le canal de la Somme a été rendu navigable, il s'y fait un grand commerce de charbon de terre, provenant de la Belgique et des départements septentrionaux de la France.

Les établissements industriels sont devenus, depuis dix ans surtout, extrêmement nombreux et importants à Amiens. Parmi les principaux, nous citerons la superbe filature de lin Maberly, créée en 1838, située au faubourg de Hem.

DESCRIPTION

D'AMIENS

DANS SON ÉTAT ACTUEL.

Abattoir. — La façade de ce bâtiment, construit en 1833, sur les bords de la Somme, offre deux pavillons, qui seraient beaucoup mieux si le premier étage en était plus élevé. Les aqueducs, le lavoir, les auvents, laissent aussi quelque chose à désirer. Les bouchers se plaignent surtout de ce que les eaux de la Somme ne puissent baigner continuellement ces aqueducs, le plancher du radier se trouvant à une trop grande hauteur de leur niveau. La dépense totale de l'Abattoir, qui avait été très-mal à propos évaluée à la somme de 600,000 fr., n'a pas monté à plus de 300,000 fr. Tous les bouchers et charcutiers de la ville sont tenus d'y faire conduire leurs bestiaux.

Académie des Lettres. — L'origine de l'Académie d'Amiens remonte à l'année 1702 : elle était connue sous le nom de *Cabinet de Lettres*, et jouissait d'une réputation bien méritée. Parmi les membres qui la composaient, on remarquait l'abbé de Saint-Acheul, Pierre de l'Étoile, qui en était le directeur, M. Delfaut, chanoine de la cathédrale, qui remplissait les fonctions de secrétaire, Jean Vaquette du Cardonnoy, magistrat, connu par son goût pour les médailles, dont il possédait une collection fort curieuse, et plusieurs autres savants ou hommes de lettres. La mort des principaux membres de cette société et l'édit du roi, portant défense de se réunir, même pour s'occuper des sciences et des lettres, sans en avoir obtenu l'autorisation, ne tardèrent point à l'anéantir. Mais, en 1746, plusieurs citoyens formèrent une *société littéraire*, qu'ils résolurent plus tard de convertir en une véritable académie. M. le duc de Chaulnes, gouverneur de Picardie, seconda leur noble émulation. A sa recommandation et surtout d'après les vives sollicitations de Gresset, qui jouissait de tout le crédit dû à la noblesse de son caractère et à ses rares talents, Louis XV leur octroya, au mois de juin 1750, des lettres-patentes portant érection d'une *Académie des sciences, belles-lettres et arts à Amiens*. Le nombre des académiciens résidants fut fixé à trente, celui des membres honoraires, à seize, non compris l'évêque et l'intendant, et celui des associés-correspondants resta indéterminé. Plus tard, le roi permit qu'il y eût jusqu'à vingt-cinq académiciens honoraires, et ajouta six places d'académiciens ordinaires, pour être remplies par des personnes versées dans l'anatomie, la chimie et les beaux-arts, tels que la peinture et la sculpture.

En 1783, M. de Latour, peintre du roi et l'un des membres honoraires de l'Académie, lui fit don d'une rente sur l'État de 500 livres; le montant de cette rente devait être offert, soit au citoyen qui s'était signalé par le plus beau trait d'humanité, soit à l'auteur de la découverte la plus utile à la santé, à l'agriculture, au commerce ou aux arts. Dès l'année suivante, M. le duc de Charost, lieutenant-général de la province de Picardie, suivit l'exemple de M. de Latour, et fit remettre, chaque année, à partir de cette époque, une somme de 600 livres à l'Académie, pour un prix dont ce seigneur proposait lui-même le sujet, et qui était décerné au mémoire qu'elle jugerait le plus intéressant.

L'Académie tient sa séance publique tous les ans, dans la grande salle de la Mairie, le dernier dimanche d'août. Des médailles sont décernées aux auteurs qui ont le mieux traité les sujets proposés par elle.

Beffroi. — Il est situé sur la place du Marché au Fil, vis-à-vis l'Hôtel de la Mairie. Cet édifice qui fut, à diverses époques, dévoré par les flammes, et dont la forme était autrefois pyramidale, remonte à des temps très-reculés. Il n'a conservé de sa construction première que l'antique socle quadrangulaire qui en forme la base, et qui, au moyen de quatre consoles, supporte un clocher élégamment couronné par un dôme en charpente. Ce dôme est lui-même surmonté d'une lanterne et d'une flèche, au-dessus de laquelle est figurée une Renommée en bronze, emblème qui convient spécialement à un Beffroi. L'ensemble général est d'un effet très-pittoresque. La tour du Beffroi renferme trois étages voûtés : elle a été construite en 1748, telle que nous la voyons aujourd'hui. On s'en servait autrefois comme d'une prison civile. La porte d'entrée en est étroite et obscure; en l'envisageant, on ne peut se défendre d'une certaine impression pénible qui resserre l'âme. Le guetteur se tient constamment au haut de l'édifice, à l'effet de veiller au feu. Dès qu'il en aperçoit le moindre indice, il donne aussitôt l'éveil en sonnant le tocsin sur la cloche, qui sert aussi, par un contraste singulier, à annoncer les fêtes et cérémonies publiques. Cette cloche énorme, fondue en 1748, pèse onze mille kilog., et son battant trois cent quinze kilog.; elle a deux mètres

43 centimètres de diamètre par le bas, et un mètre 83 centimètres de hauteur. Le son de cette cloche est majestueux et grave; il convient bien à l'annonce des grandes solennités. Le mécanisme ingénieux de l'horloge, placée au-dessus des abat-vent du clocher, mérite une attention toute particulière. Mauvoisin l'exécuta sur les dessins du célèbre Julien Leroi, dont l'imagination sublime créa plusieurs chefs-d'œuvre. Cette horloge fut restaurée en 1846 par Wagner, neveu, de Paris.

Bibliothèque. — Situé dans la rue des Rabuissons, entre la rue de la Bibliothèque et le n° 50 A, cet édifice, d'une ordonnance remarquable, fut élevé en 1823, sur l'emplacement de l'ancien couvent des Dames de Moreaucourt, d'après les dessins de M. Cheussey, architecte de la ville. — Ce monument qui coûta environ 150,000 francs, et peut contenir 50,000 volumes, a été dessiné dans le choix d'édifices publics construits en France depuis le commencement du XIX® siècle.

Un parterre avec deux terrasses parallèles, et une grille terminée par deux pavillons, la séparent de la rue. Au centre du parterre s'élève un groupe en pierre d'une heureuse exécution et d'un style gracieux, représentant Angélique et Médor gravant leurs noms sur l'écorce d'un hêtre; ce groupe, dû au ciseau de Sébastien Adam, embellissait autrefois les jardins du célèbre château d'Heilly.

Le portique présente une belle colonnade d'ordre toscan, sur l'entablement de laquelle on lit : *Bibliothèque communale*. A droite et à gauche sont deux ailes : l'une sert de logement au conservateur; dans l'autre est établie, au rez-de-chaussée, la salle de lecture du soir pour l'hiver. Entre les intervalles des colonnes du portique sont pratiquées, dans la façade, des niches destinées à recevoir les bustes des hommes célèbres auxquels la ville d'Amiens est redevable de son illustration.

Une porte d'un bon style, enrichie de palmettes et de couronnes de laurier, ouvre dans l'intérieur qui est décoré avec goût. Les colonnes ioniques accouplées qui supportent des arcs formant pignons, et la statue en marbre de Gresset assis, offerte à la ville par l'Académie d'Amiens, en 1851, et exécutée par M. G. Forceville, produisent un bel effet. Une galerie saillante, ornée d'une balustrade, règne autour de la salle et en divise l'élévation d'une manière agréable. La Bibliothèque est éclairée par un jour ménagé à propos au moyen d'ouvertures pratiquées dans la partie supérieure. Dans le bas, des portes grillées ferment à une hauteur de trois mètres les étagères sur lesquelles sont placés les ouvrages.

Outre la statue de Gresset dont nous venons de parler, on y remarque le buste en marbre de cet écrivain, par Berruer, son portrait peint par Nattier, en 1741, deux bustes en plâtre, l'un de Voiture, l'autre de Nicolas Sanson, géographe d'Abbeville; un buste en marbre de Delambre, œuvre et don de M. G. Forceville; un buste colossal de Blasset, dû au ciseau du même artiste, et offert par lui à la Société des Antiquaires de Picardie. Deux vitrines et une armoire appartenant à cette société, contiennent une collection d'antiques d'un très-haut intérêt.

La Bibliothèque contient 600 manuscrits dont le catalogue a été publié en 1843, par M. J. Garnier, aujourd'hui conservateur. Nous citerons parmi les plus remarquables un Psautier du IXe siècle, n° 18. — Les figures de la Bible, n° 108, recueil de plus de 2,000 sujets tirés de l'ancien et du nouveau Testament, exécuté en 1197, pour Sanche VII, roi de Navarre; plusieurs bibles et de beaux missels du XIIe et du XIIIe siècle, aussi curieux pour la calligraphie que pour les dessins qui les décorent; un Commentaire inédit sur les épîtres de saint Paul, no 88, attribué à Saint-Hilaire de Poitiers, par Dom Pitia qui l'a publié dans le premier volume de son *Spililegium Solesmense*; un Ordinaire d'Amiens du XIIIe siècle; les Décrets de Gratien, nos 353, 355; les Commentaires de Bohic, où l'on trouve la mention détaillée des prix qu'ils coûtèrent à l'official de Corbie, Étienne de Conty qui les fit écrire, en 1374. Le livre des Propriétés des choses de Glanville, écrit en 1447 par Sanderat d'Ancre (Albert); un Commentaire inédit de Roger Bacon sur la Physique d'Aristote; la traduction de l'Histoire des Croisades de Guillaume de Tyr, par Hugues Plagon, ornée de nombreuses et riches miniatures; le premier livre de la chronique de Froissart, qu'ont fait connaître plusieurs extraits publiés par MM. Rigollot et de Cayrol; la célèbre bulle sur papyrus de Benoist III, en faveur de l'abbaye de Corbie. un dénombrement fourni en 1301, à la chambre des comptes par l'évêque d'Amiens, Guillaume de Mâcon, Ces manuscrits ont été presque tous reliés, avec une générosité sans exemple et un soin qu'on ne saurait trop louer, par M. Leprince aîné.

Comme la plupart des bibliothèques publiques, celle d'Amiens fut formée des livres enlevés aux maisons religieuses et aux émigrés; mais en 1816, la plupart des livres réclamés par ces derniers leur furent rendus. — En l'an II, une commission des arts établie près le district, réunit les livres et les plaça provisoirement dans l'abbaye de Saint-Jean, aujourd'hui le Lycée. Bientôt ils furent affectés à l'école centrale, et M. Baron fut nommé bibliothécaire. Après la fondation du Lycée, en 1806, ils furent transportés dans une galerie du Palais-de-Justice où ils restèrent jusqu'en 1810, puis empilés de nouveau dans une salle des Moreaucourt. Enfin, le bâtiment construit en 1824, fut définitivement ouvert au public le 4 novembre 1826, et M. Delahaye nommé conservateur. De cette époque date donc l'existence de la Bibliothèque publique d'Amiens.

Les imprimés forment plus de 50,000 volumes d'ouvrages sur les différentes branches des connaissances humaines. Les bibliophiles y trouveront un grand nombre de livres imprimés au XVᵉ siècle ; le plus ancien est le *Rationale divinorum officiorum* de Durand, imprimé à Mayence par Jean Fust, en 1459 ; cet exemplaire fort rare est sur vélin, avec les initiales manuscrites et enluminées. Mentionnons aussi un beau Missel d'Amiens sur vélin, imprimé à Rouen en 1509.

La Bibliothèque possède les grandes collections des classiques latins de Lemaire, de Panckouke, des mémoires de Petitot, Guizot, Michaud et Poujoulat, Cimber et Danjou ; les mémoires des diverses classes de l'Institut, le grand ouvrage d'Egypte, etc., etc. — Une commission administrative règle l'emploi des fonds et choisit les ouvrages que l'on acquiert chaque année.

En 1842, un legs de plus de 5,000 volumes enrichit la bibliothèque. M. Cozette, qui légua en même temps 260,000 francs à la ville pour la fondation d'une maison de secours, a son buste dans la petite salle où est rangée sa bibliothèque, au fond de la construction malheureuse établie contre la grande salle.

En 1851, la Bibliothèque reçut un nouveau legs d'une haute importance, la bibliothèque médicale de M. le docteur Baudelocque, dont on voit le portrait, composée de près de 5000 volumes ; cette collection spéciale fut encore, en 1853, augmentée de 600 volumes légués par M. le docteur Lemerchier, ancien maire.

Des volumes du catalogue, des imprimés ont paru en 1854, le premier comprend la partie médicale, le second les belles-lettres, les autres doivent suivre et l'impression s'en continue aussi vite que le permet un travail de cette nature.

La Bibliothèque est ouverte, *tous les jours*, le dimanche excepté, de onze à quatre heures; et tous les soirs, de six à dix heures, *depuis le mois d'octobre jusqu'au mois de mai*. — Les vacances durent tout le mois de septembre.

Bicêtre. — Maison de correction pour le département de la Somme, située faubourg du Cours. On y renferme seulement les condamnés à moins d'un an de détention. Elle avait été construite vers l'an 1780, et devait alors servir de dépôt de mendicité pour une partie de la généralité d'Amiens.

L'emplacement est spacieux, bien aéré, distribué d'une manière convenable, et offrant toutes les sûretés qu'un établissement de cette nature exige de la part de l'administration. Les constructions sont vastes; elles sont toutes en briques et se composent de quatre ailes, aux angles desquelles s'élèvent de gros pavillons plus exhaussés que le reste du bâtiment. L'espace compris entre ces ailes est divisé en huit cours, qui séparent les différents quartiers occupés par les détenus, et qui aboutissent les unes aux autres, afin de rendre la surveillance plus facile.

Les prisonniers trouvent, dans l'occupation qu'on leur procure, non-seulement un remède assuré contre l'ennui, mais encore des ressources pour soulager leur captivité et les mettre, au moment de leur sortie, en état de pourvoir à leurs besoins les plus pressants. Ils reçoivent un tiers du produit de leur travail, un autre tiers est mis en réserve pour leur être donné lorsqu'ils ont subi leur peine, et le troisième tiers appartient à la maison. Le plus grand ordre règne dans cet établissement ; les hommes et les femmes sont continuellement séparés.

Boucherie, rue des Tripes. Cet édifice sert maintenant à la tenue de l'école mutuelle, pour les jeunes garçons de la ville.

Boulevards. — Depuis la perte de ses remparts, la ville d'Amiens s'est enrichie de promenades nouvelles, qui ont reçu la dénomination de *Boulevards*. Au lieu de bastions noircis par le temps, de pierres inutiles, de tours démantelées, s'étendent à perte de vue de magnifiques allées tirées au cordeau, et de proportions grandioses. Maintenant que les beaux quartiers d'Henriville et de Saint-Louis s'agrandissent et gagnent chaque jour sur la campagne, les Boulevards ne déterminent plus comme autrefois l'enceinte totale de la ville ; néanmoins, ils l'embrassent dans une grande partie de son contour. On les divise en Boulevards intérieurs et extérieurs.

On compte douze Boulevards intérieurs, savoir :

1°. Le Boulevard depuis la rivière de Somme jusqu'à la porte de la Hotoie, qui s'appelle *Boulevard du Port* ;

2°. Le Boulevard depuis la porte de la Hotoie jusqu'à la Fontaine des Frères, qui porte le nom de *Boulevard Saint-Jacques* ;

3°. Le Boulevard partant du bastion de Guyencourt jusqu'à la porte de Beauvais, qui est nommé *Boulevard Fontaine* ;

4°. Le Boulevard depuis la porte de Beauvais jusqu'au coin de l'esplanade en face de la rue des Rabuissons, qui porte le nom de *Boulevard Saint-Charles;*

5°. Le Boulevard partant de cette esplanade jusqu'à l'ancienne porte de Paris, qui est appelé *Boulevard du Mail;*

6°. Le Boulevard depuis l'ancienne porte de Paris et aboutissant à l'ancienne porte de Noyon, qui porte le nom de *Boulevard Saint-Michel;*

7°. Le Boulevard partant de l'ancienne porte de Noyon et allant à la porte de la Voirie, que l'on nomme *Boulevard de l'Est;*

8°. Le Boulevard partant du pont du Cange et joignant le pont de Barabant, qui se nomme *Boulevard du Cange:*

9°. Le Boulevard depuis le pont de Barabant jusqu'au pont des Célestins, qui porte le nom de *Boulevard Barabant;*

10°. Le Boulevard partant du pont des Célestins à la citadelle, que l'on appelle *Boulevard des Célestins;*

11°. Le Boulevard de la citadelle au pont du Maulcreux, que l'on nomme *Boulevard Saint-Sulpice;*

12°. Enfin, le Boulevard partant du pont du Maulcreux jusqu'à la porte de Saint-Maurice, qui porte le nom de *Boulevard du Jardin des Plantes.*

Les Boulevards extérieurs sont au nombre de quatre, savoir :

1°. Le Boulevard de la porte de Paris, jusqu'à l'esplanade Longueville, que l'on appelle *Boulevard Longueville;*

2°. De l'esplanade Longueville à la porte de Beauvais, que l'on nomme *Boulevard de Beauvais;*

3°. Le Boulevard partant de la porte de Beauvais et longeant le fossé d'enceinte de la ville jusqu'à la Fontaine des Frères, qui se nomme *Boulevard Guyencourt;*

4°. Le Boulevard partant de la Fontaine des Frères et longeant le fossé d'enceinte de la ville jusqu'au Marché aux Bestiaux, qui porte le nom de *Boulevard des Frères.*

Bourse, située sur la place de la Mairie, entre l'Hôtel-de-Ville et la prison municipale : on appelle ainsi, quoiqu'il n'y ait pas de Bourse à Amiens, les bâtiments de l'ancien bailliage. C'est là que sont placés le Musée et l'école communale de Dessin. Chaque année, dans la salle principale, par les soins de la Société des Amis des Arts, une exposition de tableaux a lieu, et un certain nombre d'entr'eux, choisis par un comité, est réparti par la voie du sort aux actionnaires de cette société. Cette exposition a été suspendue depuis quelques années ; espérons que bientôt on reprendra une aussi louable habitude, en attendant que notre nouveau musée soit complètement édifié.

Bureaux de l'Octroi Municipal. — Le droit d'octroi a été établi à Amiens, sur les objets de consommation intérieure, en vertu d'une loi du 4 brumaire an VIII. La perception, qui se fait à chaque porte d'entrée de la ville et sur les ports, s'exerce sur les liquides, les comestibles, les combustibles, les fourrages et les matériaux. Le montant de cette perception forme le principal revenu de la ville : il fournit à l'administration municipale le moyen de pourvoir à ses dépenses, à l'entretien et à l'embellissement des édifices, des établissements publics et des promenades. Quand un impôt est utilisé de cette manière, il en devient moins pesant aux contribuables.

Voici les endroits où sont établis les bureaux de perception : porte de Saint-Pierre ; porte de Saint-Maurice, pour la porte d'entrée et le port d'Aval ; porte de la Hotoie ; porte de Beauvais ; porte de Paris, dépendant du bureau de Noyon ; porte de Noyon ; porte de la Voirie ; pont du Cange, pour le port d'Amont. On remarque les bureaux des portes de Noyon et de la Hotoie, construits sur les dessins de M. Cheussey ; leur élégante simplicité a quelque chose qui flatte.

Canal. — Le Canal de la Somme, qui joint la Somme à l'Escaut et à l'Oise, et ces deux rivières à la Manche par le Canal de Saint-Valery, longe, au nord, l'enceinte de la ville, en décrivant un demi-cercle.

Ce Canal a son origine à Saint-Simon, dans la partie méridionale du Canal de Saint-Quentin, et s'étend jusqu'à la mer à Saint-Valery-sur-Somme. Il suit la vallée de Somme en passant par Ham, Péronne, Amiens et Abbeville, et, au moyen du Canal de Saint-Quentin, il met toute cette vallée en communication avec l'Oise au midi et l'Escaut au nord. Le Canal ouvert dans la vallée de Somme fut commencé en **1770**, entre Saint-Simon et Ham, et achevé sur toute la ligne en **1828**. La pente totale de ce Canal est de 63 mètres 54 centimètres : elle est rachetée par vingt-trois écluses, qui ont ensemble une chute de 57 mètres 1 centimètre, et par la pente de l'eau dans la partie en rivière, qui est de 8 mètres 53 centimètres.

Les écluses sont construites en pierres dures et en grés. On remarque avec raison celle d'Amiens ; c'est la plus forte de tout le Canal : elle a 3 mètres 70 centimètres de hauteur de chute.

Le Canal de Saint-Valery à Abbeville et le grand sas

qui le termine étant achevés, les bateaux de 150 à 200 tonneaux peuvent à pleine charge communiquer de Saint-Valery avec les canaux de l'intérieur, et les ouvrages de la traversée d'Abbeville permettent aux navires de mer d'y arriver en passant par le Canal.

On voit que ce Canal nous offre d'importantes ressources. Beaucoup de négociants demandaient, et sans doute il eût mieux valu qu'on le fît traverser Amiens en ligne droite, et que l'on établît, sur ses bords, des quais et des trottoirs. Par ce moyen, on eût donné à la ville une vie nouvelle, on eût contribué à son embellissement et à la prospérité de son commerce. Ce projet était d'autant plus facile à exécuter, que le lit du canal était tout naturellement tracé du pont du Don au pont de Croix; d'ailleurs les dépenses occasionnées par l'exécution auraient été plus que compensées par les avantages précieux que l'on avait droit d'en attendre. Mais pour cela il fallait sacrifier à l'intérêt général des intérêts particuliers, et on ne l'a pas fait.

Casernes. — CASERNE D'INFANTERIE, rue Porte-Paris, n°. 24, et rue des Jacobins, n°. 41, établie dans les bâtiments de l'ancien collége : elle consiste en un principal corps de logis fort ancien, qui sépare deux cours de peu d'étendue, bordées par des ailes de construction plus moderne.

CASERNE DES CAPETS, rue Porte-Paris, n°. 15. Placée dans l'ancien établissement des *Capets* ou écoliers indigents, cette caserne est une dépendance de la précédente. Elle servit de prison pendant la terreur.

CASERNE DU NORD, près la porte Saint-Pierre. C'est l'ancienne caserne de la Maréchaussée; elle servait aussi de magasin à poudre; le bas est occupé par des écuries.

Caserne de Cérisy, rue Saint-Jacques, entre les n°°. 70 et 74, pour cavalerie. Cet important édifice fut construit en 1767, sur l'emplacement de l'ancien hôtel Cérisy, dont il a conservé le nom. Les bâtiments forment un carré long, divisé en six corps d'écuries qui s'ouvrent sur trois cours successives : un large pavillon construit en pierre de taille compose la façade principale, qui ne manque pas de noblesse. Au-dessus de la porte d'entrée, ressortent deux beaux trophées d'armes sculptés en relief ; sur les côtés, deux cours renferment, l'une, les forges des maréchaux et les infirmeries pour les chevaux ; l'autre, les écuries particulières pour les montures des officiers ; au-delà des écuries se développe un vaste terrain qui aboutit à la rue des Corroyers, et dans l'enceinte duquel le régiment peut se déployer.

Cathédrale. — Cette imposante basilique nous apparaît aujourd'hui comme une révélation splendide des mœurs, des croyances de cette époque féconde où le sol de la France et des autres contrées de l'Europe semblait s'ouvrir pour enfanter des miracles d'architecture gothique, et porter jusqu'au ciel les magnifiques témoignages de l'ardente foi dont tous les cœurs étaient embrasés. La ville d'Amiens a compris l'importance de ce legs que lui a fait le moyen-âge, et les restaurations intelligentes qui s'accomplissent au moment où nous écrivons sont pour elle une nouvelle et solide garantie de durée et d'indestructible avenir.

La cathédrale est construite en partie sur une colline dont le penchant aboutit à la rivière d'Avre : aussi dit-on communément que plus des deux tiers de cet édifice sont bâtis sur pilotis. En 1850, on fit des fouilles au nord, pour l'établissement du cloître qui conduit de la nouvelle salle des conférences de l'évêché à la cathédrale, mais quoique poussées à six mètres de profondeur, ces fouilles n'ont laissé apercevoir rien de semblable.

Ce fut sous le règne de Philippe-Auguste, à l'époque où la foi des chrétiens, revivifiée par les précédentes croisades, avait acquis un nouveau degré d'enthousiasme et de ferveur, qu'Édouard de Fouilloy, 45ᵉ évêque d'Amiens, secondé par le monarque, la commune et les corporations d'arts et métiers, posa la première pierre de la cathédrale en 1220. Les murs sortaient à peine de terre lorsqu'il mourut : Gaudefroy d'Eu, son successeur, les éleva du pavé jusqu'aux voûtes; l'évêque Arnoult fit construire ces voûtes, les galeries du dehors et un clocher tout à jour détruit par le feu du ciel, le 15 juillet 1527. En 1258, un violent incendie avait causé de grands dégâts à la cathédrale d'Amiens; les libéralités du roi Louis IX, de Blanche de Castille, de Philippe-le-Hardi, de plusieurs doyennés du diocèse et de nobles familles des environs permirent de réparer le dommage : mais il y eut plusieurs années d'interruption dans les travaux, on les continua en 1285, et enfin en 1288 ce bel édifice fut terminé.. Une ancienne inscription, gravée sur une lame de cuivre, autour de la pierre centrale du labyrinthe qui existait autrefois au milieu de la nef, constate cette date mémorable. En 1620, on fit aux arcs-boutants des transepts divers changements qui ne furent pas heureux; vers 1707 on restaura le couronnement en pierre des tours et l'on fit, en 1777 et 78, quantité de réparations aux voûtes et aux cordons en ogives qui les divisent. L'année suivante, on renouvela la couverture. En ce moment, on vient de refaire à la tour du nord la plus grande partie de la frise, toutes les chimères, la corniche et la galerie qui la surmonte, la tourelle de l'escalier et l'emmarchement de la partie supérieure. La tour du sud elle-même a été réparée avec soin : on a rétabli les balustrades, pinacles et pignons. Nous ne doutons pas que M. Violet-Leduc, l'architecte dirigeant, qui a déjà donné tant de preuves de son talent dans ces diverses restaurations, et si bien secondé par l'entrepreneur Vast-Lefurme, dont le dévouement égale la modestie, ne continue de conserver à cet admirable monument son style et son caractère primitifs.

La façade principale de cette grande et superbe basilique présente une masse légère, flanquée de deux tours quadrangulaires et décorée des ornements les plus recherchés du style ogival. Cette façade se divise, dans le bas, en trois porches de forme ogive, dont les arcs d'ouverture sont enrichis d'un cordon de roses et d'une dentelle délicatement travaillée. Ces porches sont pratiqués sous de profondes voussures surmontées de pignons triangulaires d'un très-bel effet. La porte du milieu, la plus grande des trois, est appelé Porte du Sauveur; on remarque sur son tympan le tableau du jugement dernier, sculpté en relief, la résurrection des morts, et au-dessus le Père Éternel, environné d'anges qui semblent l'implorer en faveur du genre humain. Le pilastre qui sépare les deux battants de la porte supporte la statue du Dieu-Sauveur : il foule aux pieds un lion et un dragon à queue de serpent. Sur le retour de ce pilastre, on voit deux animaux, l'aspic et le basilic de l'Écriture. Contre les faces latérales de ce vaste porche, sont placés douze médaillons rangés sur deux lignes parallèles; au-dessus d'eux, sous des dais gothiques, se tiennent debout les douze Apôtres avec les attributs qui leur sont propres. Les contours des arceaux de la voussure sont remplis de statuettes représentant les Trônes et les Dominations du ciel. Le portique à droite est nommé porte de la Mère de Dieu; sa statue orne le milieu du trumeau; elle écrase sous ses pieds un monstre à tête humaine; plus bas, on voit la création d'Adam et d'Ève, leur chute et leur expulsion du Paradis terrestre. Le relief du fond représente la mort, la résurrection et l'assomption glorieuse de la Mère de Dieu. Enfin, la porte à gauche se nomme Porte de Saint-Firmin; elle est décorée de la statue de ce saint, dont le bâton pastoral s'appuie sur le corps d'un homme étendu à ses pieds, symbole de la victoire remportée sur le paganisme par l'Apôtre de la Picardie. Les deux côtés du porche sont ornés de cartouches représentant les douze signes du Zodiaque, les quatre saisons et les douze mois de l'année. Au-dessus des ogives sous lesquels se dessinent les trois porches du temple, et dont les entrecolonnements de l'une des galeries qui en décorent la façade, sont rangées sur deux lignes parallèles lourdes, massives et imposantes, vingt-deux statues colossales représentant des rois de France. Au-dessus de cette seconde galerie, se développe le vaste contour d'une rose flamboyante, appelée *Rose de mer*. Une galerie à hauteur d'appui forme le couronnement de la façade. Les tours et les petites galeries qui leur servent de trait-d'union ne furent achevées qu'un siècle après la construction de la basilique, et terminées en 1401. Celle de gauche a 70 mètres de haut, celle de droite 63. — La façade méridionale, maintenant tout-à-fait découverte, est d'un fort bel aspect; elle est percée de trois portes: la première, qui, placée sous la tour dite de l'Horloge, s'appelle Porte Saint-Christophe. A côté d'elle s'élève la statue gigantesque de ce saint. La deuxième, nommée Portail Saint-Honoré ou de la Vierge dorée, dont la statue orne le pilastre du milieu, est riche en élégants détails: les bas-reliefs de la voussure rappellent divers traits de la vie de saint Honoré: une très-belle rose remplit la partie supérieure que surmontent de petites pyramides. La troisième porte, vers le chœur, est appelée Porte du Puits de l'OEuvre. Le côté septentrional n'offre rien de remarquable. La partie supérieure du portail de l'Évêché contient une rose dont l'effet est magique à l'intérieur; mais qui, masquée au dehors par des jambes de force, n'est point d'un coup-d'œil agréable.

Un clocher en forme de flèche s'élève sur le croisé des toits: quatre poutres de 16 mètres de longueur chacune posées sur les quatre maîtres piliers de l'église, soutiennent cette flèche légère; le bas est de forme octogone, elle a 58 mètres de hauteur avec le coq et 24 de circonférence; elle est tout en bois de chêne et de châtaignier, revêtu de plomb.

N'oublions pas de parler des galeries extérieures qui, sveltes et gracieuses, encadrent l'édifice, et de la multitude de pyramides et clochetons élevés sur les piliers-boutants du refend des chapelles et qui produisent le plus bel effet. Six escaliers tournants conduisent au haut de la cathédrale, d'où l'on jouit de la vue la plus étendue et la plus pittoresque.

INTÉRIEUR.

Pénétrons maintenant dans le temple, et contemplons avec admiration ce splendide spécimen de l'art gothique au moyen-âge; quel aspect imposant, quelle hardiesse, quelle magnificence! C'est un poème de pierre, dont chaque page est une chapelle ou un monument, chaque vers une colonne élancée vers le ciel. Quelle grandeur et quelle simplicité! L'âme se sent à l'aise et la pensée religieuse se développe et s'agrandit au sein de cette vaste étendue. Sous les arceaux de ces voûtes aériennes, d'où

41.

Cathédrale — Page 42.

Le Beffroi — Page 25.

Lith. I. Boileau, Amiens

s'échappent, à travers les larges fenêtres suspendues à d'incroyables hauteurs, les flots d'une transparente et limpide clarté, le spectateur placé au pied de la nef embrasse d'un seul coup-d'œil toute l'immensité de l'édifice : il demeure confondu en présence de cette merveilleuse perspective, de cet ensemble grandiose où domine cette éternelle et suprême loi de l'architecture, l'*unité*. Il existe à coup sûr, dans la chrétienté, des édifices consacrés au culte, plus vastes, plus riches ou plus variés dans l'ornementation. Les édifices bysantins se distinguent par une multiplicité de couleurs éclatantes, d'éblouissantes peintures, de marbres splendides, d'autels d'un travail précieux ; ceux d'Italie fascinent le regard par la somptuosité de leurs décors, par l'éclat de l'or et des diamants répandus à profusion comme une scintillante auréole sur la tête et les vêtements de leurs madones ; l'Angleterre oppose orgueilleusement à Saint-Pierre de Rome sa basilique de Saint-Paul, aux proportions gigantesques, capable d'engloutir dans ses flancs la moitié de la population d'une capitale populeuse : mais ce qui constitue le mérite principal de la cathédrale d'Amiens, outre l'unité dont nous avons déjà parlé, c'est la sobriété dans les ornements, c'est la noble simplicité, c'est ce caractère auguste et sévère, religieux et imposant, qui ressort de son ensemble et pénètre de respect et d'admiration. En dehors, les teintes un peu grises et sombres de l'édifice s'harmonisent parfaitement avec la teinte souvent indécise et plombée de la coupole céleste qui s'arrondit sur elle, avec ce climat de la Gaule septentrionale trop souvent hostile et glacé ; on sent, en contemplant cette masse colossale, mille fois enveloppée d'orages et de frimas, que l'on est loin des rivages embaumés, des bois odorants, ceinture des mers méditerranéennes, où tout dans la nature est joie, lumière, sérénité; on comprend que des pensées fortes et sereines, élans d'inspiration vers l'infini, doivent seules germer aux pieds des colonnes de cette vénérable basilique du Nord (1).

Le plan est d'une admirable simplicité : c'est une croix latine avec nef, chœur, double rang de bas-côtés bordés de chapelles, et séparés par 126 piliers supportant les ogives des voûtes; cette église a 133 mèt. 10 cent. de longueur dans œuvre, la nef a 14 mèt. 70 cent. de largeur, et 42 mèt. 95 cent. de hauteur. Autour de cette nef et du chœur règne une galerie intérieure ornée de petites colonnettes en faisceaux délicatement travaillées et toutes d'une seule pierre. L'église reçoit le jour extérieur par 41 vitraux; il faut y ajouter ceux des bas-côtés, ceux de la galerie qui borde le sanctuaire, et les trois grandes roses dont l'une décore la façade principale, et les deux autres les deux façades latérales. Ces trois roses ont chacune près de 34 mètres de circonférence, et représentent les quatre éléments: celle du grand portail représente la terre et l'air: elle est divisée en seize compartiments; celle de gauche, la plus brillante des trois, représente l'eau : elle a trente-deux feuilles; une belle étoile d'architecture en occupe le milieu; celle de droite a vingt-quatre feuilles: la couleur rouge y domine, elle représente le feu. Lorsqu'un brillant soleil vient frapper sur les vitraux de ces roses, et leur prête pour ainsi dire une vie nouvelle en faisant étinceler et resplendir leurs vives couleurs, c'est un merveilleux spectacle que de voir, répercutés sur les pavés de marbre, leurs effets changeants où s'unissent et cha-

---

(1) On rapporte que Napoléon, alors premier Consul, entrant dans notre basilique, proféra ces paroles remarquables qui peignent bien son époque : « *Un athée serait mal à son aise ici!* »

toient toutes les nuances de l'arc-en-ciel. Vingt-deux chapelles, celles de la croisée non comprises, qui furent ajoutées peu de temps après la construction de la cathédrale, l'entourent et lui servent, pour ainsi dire, de ceinture et de rempart. Elles sont ornées, pour la plupart, de tableaux et de belles statues de marbre. Nous allons donner, à partir de la nef, une rapide description des principales beautés de l'édifice.

A l'entrée de la nef, se déploie le buffet d'orgues, placé au-dessus du grand portail, avec ses boiseries peintes bleu et or, et sa masse de tuyaux disposés d'une manière à la fois symétrique et pittoresque. C'est de là que s'échappent, grondant comme le tonnerre ou voilés et adoucis comme un concert céleste, ces bruits harmonieux qui semblent éclore au sein des airs, et répandent leurs ondes sonores dans la vaste étendue du lieu saint; c'est de là que s'élèvent ces belles voix graves et vibrantes qui célèbrent en pathétiques accents les louanges de l'Éternel. La pose de la tribune est des plus hardies; elle fut peinte en bleu et dorée en 1836, par le sieur Martin De la Barthe, d'Amiens. Les hommes sages représentèrent vainement alors que mieux valait laisser au chêne, dont elle est formée, sa couleur naturelle. La boiserie de la montre qui a conservé sa forme primitive, à quelques ornements près qu'on a eu le mauvais goût d'y ajouter à la même époque, est enrichie d'arabesques un peu tourmentés qui datent du règne de Henri II. Ces orgues furent commencées en 1425, non pas avec les dons d'Alphonse Lemire, receveur des aides, à Amiens, mais seulement par ses soins, ainsi que le prouve le passage suivant d'un ancien *registre aux comptes* de cette ville : *A Alphonse Lemire Comiz à édifier de nouvel unes grandes et belles orgues en legle nre dame d'Amiens pour l'onneur de Dieu et de le benoite*

Vierge Marie sa mère et de tous les benois Sains de paradis et servir aux messes à célébrer en ledit Eglise,

paie par ordonnance de noble et puissant seigneur maistre Robert le Jone, bailli d'Amiens le some de

142 *couronnes d'or à employer aud. ouvrage.* En 1434, Pierre de Boves et Firmine Estocard, sa femme, donnèrent au chapitre de la Cathédrale un fief qui rapportait *XI septiers* de grains sur le moulin d'*Arondel*, pour l'entretien des orgues nouvellement faites en l'église d'Amiens, et assises dessus l'entrée principale de la nef.

Le cadran qui se trouve au-dessus a 32 mètres de circonférence et 10 mèt. 40 cent. de diamètre. La longueur de l'aiguille est de 10 mèt. 08 cent. De chaque côté du grand portail et sous les orgues, sont les statues couchées sur leurs tombeaux, et en cuivre comme eux, des deux évêques fondateurs de la cathédrale. La tombe à droite est celle d'Évrard de Fouilloy; six lions la supportent : ce prélat, revêtu de ses habits pontificaux, donne sa bénédiction; ses pieds reposent sur deux dragons. Le tombeau à gauche est celui de Gaudefroy d'Eu : on l'a représenté dans la même attitude et avec les mêmes habits qu'Évrard ;

deux dragons ailés sont à ses pieds. En avançant dans la nef, dont le pavé nouveau fait regretter les dessins variés de l'ancien, on rencontre la chaire adossée contre l'avant-pilier de gauche : cette chaire est une des plus belles de France; les trois statues qui la supportent, la Foi, l'Espérance et la Charité, ne sont pas sans mérite. L'ange qui la couronne et tient un livre

ouvert, est plein de noblesse et de majesté. Ce beau morceau a été exécuté sur les dessins de l'architecte

Christophe, par un habile sculpteur d'Amiens, M. Dupuis, alors plus qu'octogénaire.

BAS-CÔTÉ DROIT. — *Monuments remarquables.* — Les mausolées de Pierre Bury et du chanoine Niquet. — On y compte cinq chapelles. La première, appelée chapelle de Saint-Christophe; on y voit une statue de ce saint. La deuxième, chapelle de l'Annonciation : un bas-relief en marbre, par Blasset, en décore l'autel. La troisième, chapelle de l'Incarnation : l'autel est surmonté d'une statue de la Vierge, en marbre blanc, dû au même statuaire. La quatrième, chapelle de Saint-Étienne : on y voit un tableau de l'Assomption de la Vierge. La statue de saint Étienne est à droite, celle de saint Augustin à gauche de l'autel. La cinquième, chapelle de Sainte-Marguerite, dont on voit sur l'autel une statue exécutée par Vimeu. Son aspect est fort sombre, quoique pour lui donner plus de jour on ait ôté, en 1704, une belle vitre peinte sur laquelle était représenté en pied, et en habits pontificaux, Guillaume de Mâcon, évêque d'Amiens. On regrette que les marbres de diverses couleurs qui décorent cette chapelle en ait fait disparaître le magnifique tombeau en cuivre émaillé de ce prélat. Guillaume de Mâcon eut de grands démêlés avec son chapitre. Pour réparation du scandale causé par l'excommunication que cet évêque lança contre les chanoines, et la cessation du service divin dans la Cathédrale, imputée à ces derniers, le pape Boniface VIII les condamna, en 1301, à faire exécuter deux statues d'argent doré, savoir : l'évêque, une du *Pape*, et le chapitre, une de la *Vierge*, chacune du poids de 50 kilogrammes au moins. Les femmes enceintes, de la ville, montrent beaucoup de dévotion pour sainte Marguerite; lorsqu'elles sont sur le point d'enfanter, elles font brûler, dans cette chapelle, des cierges en l'honneur de la Sainte.

BAS-CÔTÉ GAUCHE. — Les chapelles de ce bas côté sont au nombre de six. Dans la première, on remarque la statue du Sauveur du monde. La deuxième, sous l'invocation de Notre-Dame de Bon-Secours, est décorée d'une magnifique Vierge en marbre, par Blasset. On admire la richesse de la troisième, dédiée à saint Salve.

Le Crucifix qu'on y remarque est fort ancien : il a le corps couvert d'une longue robe ou tunique dorée, la tête ornée d'un diadème ; son regard est doux et grave tout à la fois. La quatrième n'a de remarquable que la statue de saint Honoré, ronde-bosse en pierre, par

Vimeu. Dans la cinquième, sous le patronage de Notre-Dame de la Paix, se trouve une belle statue de la Vierge en marbre blanc, les draperies qui la couvrent passent pour un chef-d'œuvre de sculpture. La sixième est dédiée à saint Firmin, on y voit la statue de ce patron du diocèse.

CROISÉE. — Cette partie de l'église fut gravement endommagée en 1497 ; on fut alors obligé de consolider les maîtres piliers par des agraffes et des liens en fer d'Espagne ; elle offre d'abord deux roses magnifiques dont rien n'égale l'éclat et la variété des couleurs. Elles ont environ 34 mètres de circonférence. Celle qui se trouve à gauche en avançant vers le chœur, contient 32 feuilles ; ses vitraux forment, comme ceux du XIII⁰ siècle, une mosaïque étincelante ; au milieu, on remarque une belle étoile d'architecture à cinq rayons. Des Saints, des Rois et des Reines paraissent sur les vitres des galeries qu'on aperçoit au bas : comme nous l'avons déjà dit, cette rose représente l'*eau*.

L'autre rose, c'est-à-dire celle qu'on voit à droite, a 24 feuilles, ou 12 seulement, suivant Daire ; on y distingue plusieurs Anges en adoration, d'un très-beau dessin. La couleur rouge qui domine sur les verres garnissant les interstices de ses nervures, indique le *feu*.

Ainsi, la rose du grand portail représentant la *terre* et l'*air*, et celles dont on vient de parler, l'*eau* et le *feu* ; il en résulte qu'elles forment ensemble les *quatre éléments*.

Outre ces roses qui sont infiniment précieuses, à cause de l'ancienneté de leurs vitraux, qu'on croit être des XIII⁰ et XIV⁰ siècles, il existe, dans les transsepts, plusieurs monuments qui méritent une mention particulière.

CÔTÉ DROIT. — Le mausolée de Claude Pierre, chanoine. La chapelle de Notre-Dame du Puy occupe

le milieu de ce côté. Cette superbe chapelle est décorée d'un beau tableau peint par Franken, en date de 1628, représentant l'Assomption de la Vierge; à droite et à gauche du rétable d'autel, s'élèvent deux colonnes de marbre noir d'Italie, aux chapiteaux dits corinthiens, richement dorés. Les statues de Judith, tenant la tête d'Holopherne, de David, pinçant de la harpe, de la Vierge, tirant un enfant d'un petit puits, fixent tout d'abord l'attention.

Côté gauche. — Le tombeau de l'évêque Pierre Sabatier, contre le portail, la cuve baptismale, antérieure à la fondation de la cathédrale, le mausolée du

cardinal Hémart, contre le premier pilier de la nef, la chapelle placée tout au milieu de ce côté, sert de pendant à celle de Notre-Dame du Puy; elle a été restaurée avec une grande magnificence, elle est surmontée d'une statue de saint Sébastien, ouvrage de Blasset. Sur le mur de séparation de la croisée et de la chapelle de Saint-Firmin, est sculpté en relief un groupe représentant les diverses parties du temple de Jérusalem. Le chantre de Vert-Vert, Gresset, repose au pied du deuxième pilier en face de ce monument.

Pourtour extérieur du chœur. — Au dehors du chœur, sur les faces latérales de son mur de clôture, on remarque des tableaux en plein-relief qui représentent : ceux du côté droit, des traits relatifs à la vie de saint Firmin, martyr; ceux du côté gauche, les principaux évènements de la vie de saint Jean-Baptiste; le sanctuaire est fermé par une grille en fer d'un travail admirable. On compte onze chapelles autour du chœur. La première, du côté droit, sous l'invocation de saint Pierre et de saint Paul; la deuxième, sous celle de saint Joseph; la troisième, servant actuellement d'entrée à la nouvelle sacristie, dédiée à saint Éloi; la quatrième, à saint François d'Assise; la cinquième et dernière de ce côté, à saint Jacques; celle qui occupe le derrière du rond-point du chœur est appelée *Petite Paroisse*. Cette chapelle va être entièrement restaurée et ornée d'un autel élégant, aux sveltes proportions, d'un style grandiose et monumental. En face de la *Petite Paroisse*, se trouve le plus beau mausolée que contienne la basilique, celui du chanoine Lucas; l'*enfant-pleureur*, qui le domine, la tête reposant sur sa main droite, et la gauche appuyée sur une horloge de sable, excite l'admiration; jamais l'expression de la douleur ne fut plus heureusement rendue que sur la figure de ce jeune enfant. Les cinq chapelles qui bordent le côté gauche du chœur, sont, à compter de la *Petite Paroisse*, de sainte Theudosie, de saint Jean, de saint Quentin, de Notre-Dame des Sept-Douleurs, enfin celle de saint Jean Baptiste, la plus belle, la plus riche en ornements, et près de laquelle on conserve le véritable chef du précurseur.

Cette chapelle fut construite à la suite d'un vœu fait par le corps de ville, pendant une maladie contagieuse.

Nous devons accorder une mention toute particulière à la chapelle de sainte Theudosie. Grâce à un don de 30,000 fr. dû à la munificence impériale, elle a été restaurée avec une élégance et une richesse parfaites en 1854; les vitraux de cette chapelle, peut-être d'une couleur un peu sombre, n'en sont pas moins d'une belle exécution et d'un style remarquable. Au dire des connaisseurs ils peuvent, jusqu'à certain point, soutenir la comparaison avec les anciennes verrières de notre basilique. Les ornements accessoires, l'autel, la grille qui enserre la chapelle, concourent à l'harmonie de l'ensemble, et en font un morceau très-distingué.

Chœur. — Le chœur, élevé de six degrés au-dessus de la nef, a 43 mèt. 22 cent. de longueur. Les regards sont tout d'abord arrêtés par les stalles aussi remarquables par le nombre infini des détails, que par l'élégance et la délicatesse de l'exécution; elles sont en bois de chêne et de châtaignier, et au nombre de cent seize. Les dossiers de ces stalles, autrefois parsemés de fleurs de lis, sont surmontés d'une espèce de frise enrichie de dentelures et de pendentifs d'un merveilleux travail. — Une balustrade, formée de petites colonnes de cuivre doré, avec appui en marbre blanc, sépare le chœur du sanctuaire, dont le pavé, en beau marbre rouge, noir et blanc, figure de jolies rosaces; on voit sur les deux côtés quatre grands médaillons représentant en relief les quatre Évangélistes; des anges groupés tout autour tiennent en main des candélabres. L'autel, à la romaine, est d'une magnificence peu commune; derrière lui s'élève une gloire d'une grande richesse et d'une parfaite exécution: elle est véritablement digne de décorer une aussi belle cathédrale, quoiqu'elle soit un peu lourde et qu'elle intercepte la charmante perspective qu'offrait la vue de la chapelle de la Sainte Vierge.

Derrière l'autel on conserve, dans une châsse, les reliques de Saint-Firmin et de quelques autres Saints

du diocèse : elles sont en grande vénération dans le pays.

Château d'Eau, situé sur le *Port d'Aval*. — Construit sur pilotis en 1751, il se compose à la base d'un large carré à pans coupés, dans le soubassement duquel était renfermé l'appareil de la mécanique. Au sommet et autour de ce socle quadrangulaire règne une galerie que couronne une balustrade en pierre. Au milieu s'élève une lanterne en charpente revêtue de plomb et percée de quatre fenêtres en arcade; une plate-forme la termine; l'ensemble général rappelle un peu l'Observatoire de Paris. Des tuyaux traversaient l'édifice et faisaient monter, dans un bassin de distribution établi au sommet, l'eau qui alimentait les fontaines publiques, puis la descendaient ensuite, pour la verser dans des tuyaux de conduite qui la répartissaient dans les divers quartiers de la ville. La machine hydraulique du Château d'Eau était un objet curieux à visiter pour l'étranger qui visite Amiens. Conçue avec une remarquable simplicité, elle faisait l'admiration des connaisseurs. L'appareil consistait en deux corps de pompes aspirantes et foulantes, dont les balanciers étaient soulevés par deux rouages excentriques, fixés sur l'axe d'une roue à aubes, comme celle d'un moulin à eau. Cette roue était mise en mouvement par une chute d'eau prise dans la rivière d'Avre, dont on avait détourné le cours pour lui donner plus de force et de rapidité.

Le château d'eau n'est plus occupé maintenant que par l'architecte de la ville qui y a ses bureaux. Les machines hydrauliques qui fonctionnaient dans son intérieur ont été supprimées. Un nouveau système destiné à alimenter les fontaines publiques est en activité dans un bâtiment spécial, construit à cet effet sur le Pont-Saint-Michel.

Cimetières. — Les anciens cimetières d'Amiens, dont les principaux étaient celui du Blamont et celui de Saint-Denis, ont totalement disparu. Ils ont été remplacés par celui de la Madeleine, situé à deux kilomètres environ de la ville, derrière le village de Saint-Maurice, qui s'élève en amphithéâtre, à peu de distance de la Somme. Après de longues contestations, il fut rendu public en 1817. Déjà considérable à cette époque, on l'agrandit de moitié en 1827. Un mur de clôture l'entoure sur trois de ses faces. — On y parvient par une longue avenue formée de platanes. Des arbustes fleuris, des masses d'arbres touffus, des pelouses de verdure, des allées onduleuses disposées avec goût, entretenues avec soin, en ornent l'entrée et embellissent la dernière demeure des mortels ; il semble que de ces grands arbres frémissant au souffle de la brise, s'exhalent comme des murmures plaintifs, des plaintes inarticulées, qui remplissent d'une religieuse mélancolie le cœur de l'homme errant sous ces ombrages funèbres; le charme de cette nature luxuriante, les cris joyeux des oiseaux voletant çà et là, ou se posant sur l'extrémité des plus hautes cimes des arbres, cette insouciance et cette gaîté des êtres vivants au milieu du silence des froides dépouilles de la mort, présentent un contraste saisissant qui frappe l'imagination, assombrit l'âme et la dispose aux profondes méditations. Une chapelle d'un style simple et sévère, placée au fond du monticule qui domine la porte d'entrée, attire d'abord les regards; un double sentier en pente douce y conduit; M. de Mandolx, évêque d'Amiens, y repose. Près d'elle est la demeure du prêtre qui rend aux morts les derniers devoirs. Ensuite on gagne le *Champ du repos*. C'est là que viennent se briser les passions tumultueuses, s'évanouir les joies et les illusions de la vie. Le regard erre çà et là sur cette vaste enceinte, dont le sol inégal et tourmenté, pareil à une mer labourée de fortes vagues, est recouvert d'une multitude infinie de croix, de tombeaux, d'urnes, et de pyramides élancées. Des groupes d'arbustes inclinés, de pins au noir feuillage, des saules pleureurs penchés vers la terre, interrompent seuls la monotonie de ce tableau. La piété filiale, l'amour paternel, la douleur conjugale, l'amitié reconnaissante ont gravé sur la pierre et sur le marbre de touchantes et pathétiques inscriptions. Les arts, ces enfants du génie humain, règnent encore dans ce séjour de la destruction; les croix de fer aux robustes rameaux, les fortes colonnes funéraires, les splendides mausolées y défient la dent rongeuse et la faulx meurtrière du temps. Parmi les monuments les plus remarquables, il faut citer ceux de MM. Dijon, recteur de l'académie d'Amiens, Poullain, avocat, Dargent, maire, Duthoit, sculpteur, Lapostolle, chimiste et agronome; ceux de Mmes d'Epagny, d'Halloy, Vast-Lefurme, de Mme Decoron, de la famille Florent Corroyer, de M. Delacour, du jeune Laffilé, etc., etc. Sur l'emplacement de ce cimetière exista jadis la Maladrerie de Saint-Lazare, où, vers 1200, on retirait les croisés qui revenaient infectés de la lèpre. Plus tard, et lorsque la peste sévit à Amiens, on y recueillit les habitants malades; Henri IV y établit son quartier-général lors du siége d'Amiens, en 1597.

Citadelle. — Située à l'extrémité nord-ouest de l'enceinte extérieure, à peu de distance du canal de la Somme et de la chaussée du Nord. — Lorsque l'on détruisit les fortifications qui défendaient autrefois la ville, la citadelle fut conservée comme point militaire. Elle avait été bâtie par ordre d'Henri IV, en 1598. Ce roi, qui venait de reprendre Amiens sur les Espagnols, avait résolu de mettre désormais à l'abri de toute surprise une importante cité, dont la présomptueuse confiance avait été si funeste à la France, et lui avait coûté six millions. Le plan de la citadelle fut dressé en sa présence, et l'ingénieur, Jean Erard, de Bar-le-Duc, fut chargé de la direction des travaux; pour la fermer du côté du midi, il fallut abattre deux cents maisons de l'ancienne ville, l'église paroissiale de Saint-Sulpice et l'hôtel d'Heilly. — L'enceinte de cette forteresse forme un pentagone régulier, dont les cinq bastions portaient les noms de Béarn, de Luynes, de Saint-Pol, de Chaulnes et de Navarre. Ces bastions, à angles aigus, donnent, avec les cinq courtines, un développement de

1620 mètres. De larges et profonds fossés, creusés en partie dans la pierre, portent le contour total à 1840 ^{m}. Les dehors sont défendus par des ouvrages en terre qui s'étendent sur la campagne; l'intérieur est occupé par des bâtiments vastes mais inachevés. La chapelle fut construite sur les cintres de l'ancienne porte Montre-Ecu : un petit bras de la Somme, nommé anciennement rivière *des Gardes*, serpente au bas des fortifications et baigne le côté du midi. Des travaux considérables, exécutés à la citadelle depuis quelques années, l'ont mise sur un pied respectable de défense.

On y a construit récemment un Arsenal, pour remplacer celui qui existait rue des Rabuissons.

Collége de la Providence. — Fondé en 1851, le Collége de la Providence a pour but d'assurer aux élèves, avec les avantages d'une instruction solide, les bienfaits d'une éducation religieuse. Il est dirigé par les RR. PP. Jésuites. Cet établissement, parfaitement situé dans l'un des quartiers les plus salubres de la ville, ne laisse rien à désirer sous tous les rapports. On y a construit récemment une vaste chapelle dans le style gothique.

Couvents. — Onze communautés d'hommes existaient à Amiens, avant la révolution. *Augustins*, *Dominicains*, *Célestins*, *Carmes déchaussés*, *Capucins*, etc., s'y faisaient remarquer par leurs différents costumes et les règles diverses de leurs différents ordres. Leurs établissements, vendus comme biens nationaux, sont devenus aujourd'hui des habitations particulières, ou ont été détruits pour la plupart.

On compte actuellement, au milieu de notre ville, dix couvents de femmes, dans quelques-uns desquels les religieuses se livrent à l'éducation publique. Ces communautés sont :

1°. Les *Carmélites*, rue Porte-Paris;

2°. Les *Clarisses*, rue du Loup;

3°. Les *Dames du Sacré-Cœur* ou *de la Foi*, rue de l'Oratoire, 1, pensionnat de demoiselles;

4°. Les *Dames du Sacré-Cœur* dites *de Louvencourt*, qui se consacrent à l'éducation, et possèdent une jolie église moderne, rue des Crignons, 8;

5°. Les *Ursulines*, rue Saint-Dominique, 6, pensionnat de demoiselles;

6°. Les *Dames de la Visitation*, rue Saint-Fuscien, pensionnat de demoiselles. On admire la jolie coupole de leur chapelle;

7°. Les *Dames de la Sainte Famille*, esplanade du faubourg Noyon, qui instruisent la jeunesse;

8°. Les *Fidèles Compagnes de Jésus*, rue des Augustins, qui se livrent à l'éducation des demoiselles;

9°. Les *Dames du Bon Pasteur*, au faubourg de Noyon, qui instruisent la jeunesse;

10°. Les *Dames de l'Espérance*, esplanade de la porte de Beauvais, qui vont garder les malades à domicile.

Il y a aussi un couvent de *Franciscains*, situé rue du grand faubourg de Noyon, 52.

Dépôt général des Pompes à incendie, rue Gresset, n°. 26. — Le corps des pompiers, qui forme maintenant une compagnie municipale, et auquel sont confiées les pompes à incendie, est une institution des plus importantes par rapport à la sûreté publique, dans une grande ville comme Amiens. Au premier signal de l'incendie, tous les pompiers de la ville et de la banlieue se portent sur le lieu qui en est le théâtre, et par leur zèle intelligent, leur intrépidité peu commune, en arrêtent bientôt les progrès.—On fait l'essai des pompes le premier dimanche de chaque mois sur la grève du port d'Aval.

Églises. — 1°. Saint-Germain, d'abord Saint-Blaise, puis Saint-Germain-l'Écossais, donnant sur la rue qui porte son nom, et sur la rue basse Saint-Germain; sa longueur hors d'œuvre est de 42 mètres, sa largeur de 19 mètres. — C'est après la cathédrale l'édifice religieux le plus régulier de la ville: ce joli vaisseau de style ogival flamboyant, d'une architecture assez délicate, date du commencement du XVe siècle; en 1477, il fut rallongé avec des matériaux provenant des anciennes fortifications. L'extérieur, un peu noirci par la main du temps, est d'un aspect assez pittoresque. Lors de la construction du beffroi actuel, le guet fut placé dans la tour élevée du clocher. L'intérieur, en voie de restauration, plaît à l'œil par la légèreté de ses voûtes: il se compose d'une nef, d'un chœur et d'un double rang de bas-côtés. Les portes en bois sculpté des deux portails, datent du XVIe siècle. La tour est d'une époque un peu plus récente. Malgré la sobriété de son ornementation, elle est extrêmement remarquable. Les ouïes du clocher, du côté du nord, sont décorées de fleurs de lys encadrées d'ogives simulées. L'une des richesses artistiques dont on a le plus à déplorer la perte, est le magnifique jubé, soutenu par huit colonnes, et représentant les principales scènes de la Passion : il fut détruit en 1736.

Jaloux de rendre à cet antique monument une partie de son ancien lustre, le conseil municipal d'Amiens a voté une somme importante pour faire disparaître les dix logettes hideuses, noires et puantes, qui en déshonoraient les murs, et pour des travaux de consolidation que réclamaient les toitures et les galeries. La fabrique s'est imposé également des sacrifices pour opérer le ravalement général de l'intérieur.

M. le curé actuel de cette paroisse a voulu contribuer généreusement à ces améliorations. Il a fait don à son Eglise de plusieurs belles cloches, en remplacement des anciennes que, pendant la révolution, en 1791, André Dumont fit enlever pour en gratifier le village d'Oisemont, lieu de sa naissance.

De nouvelles orgues, placées dans une tribune dont le style sera en harmonie avec l'architecture de l'édifice, proclameront, en sons vibrants et solennels, la libéralité de M. l'abbé Caron, son ancien curé.

2°. Saint-Jacques, situé rue de ce nom, fait la séparation de la rue Flament d'avec la rue Voclin ; l'ancienne église fut démolie en 1833, et reconstruite d'après les dessins de M. Cheussey, architecte. La façade, un peu écrasée, se compose d'un attique soutenu par quatre colonnes; on y entre par trois portes sans ornements ; l'intérieur est d'un style convenable, et les colonnes accouplées qui soutiennent les voûtes font un agréable effet ; il est à regretter seulement que l'édifice ne soit pas plus spacieux. On y remarque, au rond point, la belle chapelle de la Vierge, décorée par MM. Duthoit frères, avec un grand talent, et de chaque côté les vitraux des deux chapelles, œuvres de MM. Laurent et Gsell et Couvreur. Longtemps on avait cru perdu le secret de la fabrication de ce genre de vitraux : M. Couvreur, d'Amiens, a prouvé, dans l'exécution de la vitre qui représente le Sacré-Cœur, ainsi que dans plusieurs autres exécutées à la chapelle du couvent de la Visitation, à Henriville, aux églises de Reims et d'Arras, que par la beauté du travail, la netteté du dessin, la fraîcheur et la vivacité des couleurs, il pouvait soutenir la comparaison avec ce qui a été fait de mieux en ce genre dans les temps anciens.

3°. SAINT-LEU. — L'église Saint-Leu, dédiée à saint Loup-de-Sens, située rue Saint-Leu, existait dès le XIe siècle. Ce n'était, dans son origine, qu'un prieuré peu considérable, sous l'invocation de saint Lambert. Elle fut élargie et allongée en 1481. Cent ans après, le jour de Pâques 1581, le clocher qui se trouvait au-dessus du chœur, renversé par un ouragan, causa la mort de près de quatre-vingts personnes; pour éviter le retour d'un si déplorable accident, on le reconstruisit à l'entrée de l'édifice. Cette tour gothique, d'un style plus que médiocre, est encore la seule chose qui puisse être remarquée dans cette église. L'intérieur ne renferme rien qui puisse fixer l'attention, à part les statues rondes bosses de la Viérge et de saint Vincent de Paul, placées dans les chapelles qui terminent les bas-côtés. Ses vitraux obscurs et peu nombreux ne laissent pénétrer dans ce temple qu'une faible clarté; le sanctuaire néanmoins n'est pas sans quelque magnificence; on aime à voir apparaître, à travers un jour mystérieux et au milieu de nuages, qui forment la gloire, le signe auguste de la Rédemption. Longueur hors d'œuvre, 41 mètres.

4°. SAINTE-ANNE. — Cette petite église, destinée aux habitants du faubourg de Noyon, dont elle forme l'entrée à gauche, n'offre au dehors qu'une façade peu développée surmontée d'un clocher exigu, aux mesquines proportions, et d'un style équivoque. L'intérieur, d'une extrême simplicité, paraît convenablement approprié aux besoins du culte. Elle est due à la générosité de M#me# Dupuy de Gerville.

5°. S#aint#-R#emi#, rue et impasse des Cordeliers.—C'est l'ancienne église des religieux de cet ordre. La construction en remonte au XV#e# siècle, elle ne présente à l'extérieur rien qui appelle l'attention; le clocher est mesquin et peu élevé; l'intérieur se compose d'un chœur, d'une nef et d'un seul rang de bas-côtés; une tribune très-spacieuse, au milieu de laquelle se trouve l'orgue, et où se réunissent les exécutants lors des grandes messes en musique, est placée au-dessus de la porte d'entrée. Une jolie chapelle, dédiée à Notre-Dame de Bon-Secours, termine le bas-côté; on y voit deux bas-reliefs en marbre blanc, dont le premier représente la *Cène*, et le deuxième l'*Adoration des Mages*. Sur la gauche du chœur se détache le magnifique tombeau en marbre blanc, noir et jaspé de Nicolas de Lannoy, connétable, et de son épouse, Jeanne Muturel. Il se compose d'un grand soubassement quadrangulaire adossé au mur; dans la niche pratiquée au-dessous sont placés les deux époux, nus et de grandeur naturelle; au-dessus de l'arcade s'élève le cénotaphe à une hauteur de plus de dix mètres. Sur la plinthe qui règne au-dessus, ils reparaissent, à genoux, dans une attitude de suppliants et revêtus du costume de l'époque. Sur les côtés du tombeau sont représentés, en marbre blanc, la *Tempérance*, la *Justice*, la *Force*, la *Prudence*: le revêtement du mur sur lequel s'appuie le mausolée est divisé en trois compartiments par quatre colonnes qui soutiennent la frise; au centre est un médaillon représentant la *Résurrection;* à droite les armes du défunt;

64.

M. de Lannoy. — Page 64.

Eglise St Leu. — Page 68.

à gauche celles de son épouse. Le maître-autel est surmonté d'un beau tableau de Fragonard, représentant le *Baptême de Clovis.*

Faubourgs. — FAUBOURG DE BEAUVAIS, s'étend principalement le long des routes de Paris et de Rouen, au sud-ouest de la ville, et compris dans le 3e arrondissement. On le divise en grand et petit faubourg. La chapelle de Saint-Honoré, qu'il renferme, est une succursale de la paroisse de Saint-Remi.

FAUBOURG DU COURS OU DE LA HOTOIE, près de la belle promenade de ce nom, à l'ouest d'Amiens, fait partie du 4e arrondissement.

FAUBOURG DE HEM, séparé du précédent par un bras de la rivière de Selle, dépend comme lui du 4e arrondissement. Il possède une église depuis quelques années.

FAUBOURG DE NOYON, à l'est de la ville, dont il est séparé par une assez vaste esplanade. Il ressort du 2e arrondissement et se compose de trois parties bien distinctes, savoir : le *Grand-Faubourg*, la *Basse-Ville*, et le *Petit-Faubourg*. La route qui conduit d'Abbeville à Compiègne le traverse dans son milieu. Des sept faubourgs d'Amiens, c'est le plus agréable et le mieux bâti ; il était autrefois un lieu préféré de promenade, et les boulevards nouveaux ont pu seuls lui ravir ce privilége, qu'il partageait avec le *Petit Jardinier*, où se trouvait la guinguette de ce nom, remarquable par la disposition de ses salles et de ses jardins. — A peu de distance, et au nord du faubourg de Noyon, on rencontre la délicieuse promenade de la Voirie, dans une presqu'île formée d'un côté par la Somme, et de l'autre par la rivière d'Avre, et qui rejoint le village de La

4

Neuville. La position de la Voirie au milieu des *aires* est des plus agréables. On appelle *aires* des jardins potagers d'une admirable fertilité qui s'étendent à plus de quatre kilomètres le long des bords de la Somme, et que séparent les uns des autres de petits canaux établis au moyen de saignées faites aux diverses branches de la rivière, sur lesquels on se promène en bateau pendant les beaux jours. Ces jardins fournissent d'excellents légumes pour la consommation de la ville et des environs. On voit à droite de la Voirie, dans une vallée appelée le *Pleinseau*, la maison de campagne où Gresset composa ses plus belles poésies.

Faubourg ou Village de Saint-Maurice, assis sur la pente de falaises assez élevées, est baigné au pied par un des bras de la Somme, sur les bords duquel sont établis de nombreux ateliers de teinture.

Faubourg de Saint-Fuscien ou Henriville, au sud-est d'Amiens. C'est un quartier entièrement neuf, qui depuis 1830, a pris des développements considérables; il ne faudra plus que peu de temps pour qu'il soit réuni à Guérinville, autre quartier nouveau placé en regard de la rue Napoléon, et dont les rues s'allongent déjà à perte de vue jusque dans les champs. L'air salubre qui y règne invite les particuliers aisés à s'y fixer, et tout fait présager à ce côté de la ville un avenir de plus en plus brillant.

Faubourg de Saint-Pierre, sis au nord-est de la ville, sur les routes qui conduisent à Lille et à Cambrai. Il fut incendié plusieurs fois pendant les guerres de Picardie. On y cultivait autrefois la vigne.

Fontaines. — Amiens ne brille point par ses fontaines publiques, il n'en est aucune que l'on puisse

Embarcadère des Chemins de Fer du Nord et de Boulogne. — Page 67

Bassin de la Hotoie. — Page 9

Lith. J. Boileau, Amiens

citer comme une œuvre d'art; les seules qui présentent quelqu'intérêt sont: les deux fontaines qui ornent l'entrée principale de la halle marchande, du côté de la rue Sainte-Marguerite: leur forme est une pyramide en demi-relief, au bas de laquelle deux mascarons en bronze vomissent l'eau dans deux bassins granitiques demi-circulaires; celle qui forme le coin des rues Gresset et de Saint-Jacques; celle du Marché au Feurre et la fontaine Saint-Julien, rue Saint-Leu. Les autres ne sont que de véritables bornes-fontaines. Espérons que la munificence municipale dotera un jour notre cité d'une fontaine digne de la capitale de la Picardie.

Une source abondante connue sous le nom de *Fontaine des Frères*, placée au pied du bastion de Guyencourt, alimente, avec la fontaine *Marie-Caron*, boulevard du Port, toutes les fontaines publiques. Des réservoirs ont été établis en même temps que le pont Saint-Michel, en conséquence d'une délibération du conseil municipal d'Amiens, du 4 mars 1843. D'après cette délibération, ces réservoirs devaient être au nombre de cinq; mais on n'en construisit d'abord que quatre. Deux à Henriville, un au faubourg Saint-Pierre, et le dernier à l'Hôtel-Dieu. Le grand réservoir d'Henriville est le plus remarquable. Il peut contenir jusqu'à 24,000 hectolitres d'eau. Son niveau est à 40 mètres au-dessus de la Somme, en aval du pont Saint-Michel. Des conduites en fonte joignent ce réservoir et les autres, et alimentent les *bornes-fontaines* que l'on a récemment placées dans les principales rues d'Amiens, pour la commodité des habitants.

Gare et Débarcadère du chemin du Nord. — Construit en 1847, pour les besoins du chemin de fer du Nord et de celui de Boulogne, ce vaste édifice peut rivaliser avec les plus beaux du même genre, construits dans les principales villes de France. Sa façade noble, simple, d'un style sévère et grandiose à la fois, fait le meilleur effet et décore d'une belle ligne de bâtiments l'esplanade du faubourg de Noyon. Une porte monumentale, de proportions hardies et grandioses, donne accès dans l'intérieur. Au-dessus, un cadran dont les heures sont visibles à une grande distance, illuminé chaque soir, dessine son cercle d'or, et avertit de l'instant du départ ou de l'arrivée. De vastes salles, parfaitement éclairées et ornées d'un mobilier confortable, servent aux voyageurs de lieux d'attente. Des toitures vitrées, soutenues par une charpente en fer d'une légèreté aérienne, et de sveltes colonnettes en fonte, recouvrent l'espace où les locomotives fumantes encore viennent déposer leurs immenses convois. Un restaurant parfaitement organisé se trouve renfermé dans l'intérieur de l'édifice.

Halle aux Grains, rue des Trois-Cailloux, entre les n°^{s} 20 à 28, et rue des Jacobins, entre les n°^{s} 11 et 17. La commune d'Amiens avait été autorisée, en 1751, à élever sur la place au Blé, aujourd'hui place Périgord, une halle aux grains qui devait en occuper le côté méridional; les fonds n'ayant pas été suffisants pour l'achat du terrain, on fut obligé de chercher ailleurs à moins de frais, un endroit convenable. En 1782, la ville fit l'acquisition d'une maison rue des Trois-Cailloux qui avait son issue rue des Jacobins; son emplacement fut choisi pour y construire la halle. Les travaux furent exécutés sous la direction de M. Rousseau, qui s'en acquitta en architecte de goût et de talent. — La construction des deux façades extérieures est imposante. Elles sont en briques, ainsi que le reste de l'édifice ; les corniches et tous les ornements sont en pierre ; l'intérieur est remarquable par la distribution commode de ses diverses parties, et par cet ensemble mâle et sévère qui convient à la destination du monument. Le plan général, dont la longueur hors d'œuvre est de 63 mètres et la largeur de 30, présente un carré long, entouré de galeries, et laisse au centre une cour, aussi quadrangulaire, de 34 mètres de long sur 14 de large, destinée à la circulation des voitures. Dans chacun des angles des galeries inférieures sont placés quatre beaux escaliers qui conduisent à l'étage supérieur. Ces galeries sont divisées en arcades. L'une d'elles sert d'emplacement à plusieurs cours communaux et aux répétitions de la musique de la garde nationale ; dans l'autre sont établis les bureaux de la Caisse d'épargne.

Halle Marchande, établie dans le corps-de-logis de l'Hôtel-de-Ville. Elle sert de passage entre la rue Delambre et la place de la Mairie.

Des Halles existaient à Amiens dès le 13e siècle, pour le déchargement et la vente des marchandises foraines. Elles couvraient une partie considérable de la paroisse de Saint-Germain. On les transféra deux cents ans après à l'endroit qu'occupe celle qui fait l'objet de cette notice. Tout le bâtiment fut réduit en cendres à la fin de 1772, et sur son emplacement a été élevée la Halle actuelle. Entièrement construite et voûtée en pierres, elle est à l'abri des ravages de l'incendie. C'est une galerie longue de 75 mètres, formant l'ovale dans le haut. La partie du bas et l'étage supérieur, autour duquel règne une balustrade en fer, se composaient de boutiques occupées par des brocanteurs. Depuis trois ans, ces boutiques n'existent plus ; des craintes sérieuses sur la solidité de l'édifice les ont fait supprimer, et la Halle, qui ne sert plus que de passage, va être bientôt démolie pour l'agrandissement de l'Hôtel-de-Ville.

Hôpital Saint-Charles, à l'extrémité de la grande rue de Beauvais. Cet hospice dut son origine à Antoine Louvel, curé de la paroisse Saint-Remi. Cet ecclésiastique, aussi recommandable par sa piété que par sa bienfaisance, acheta, le 16 mai 1640, deux maisons près de la porte Beauvais, sur l'emplacement desquelles on commença, le 2 juillet suivant, l'aile de bâtiments tenant à l'église. Le roi confirma cet établissement en 1644, et, quelque temps après, l'évêque Feydeau de Brou, obtint la permission de faire une loterie, dont le produit fut destiné à l'agrandissement de l'édifice. Dans la suite, des dons assez importants ayant été faits à cette maison, par le chapitre de la cathédrale et l'échevinage, on songea, en 1787, à élever le nouveau corps-de-logis sur la rue de Beauvais et celui en retour sur la rue des Louvel. Ces bâtiments furent construits sur les dessins de M. Rousseau, architecte. Le premier a 128 mètres de longueur, et le second 64. Les travaux furent continués en pluviose an VII. En 1818, on changea la destination de la façade grande rue de Beauvais, qui était occupée par des boutiques. L'aile gauche a été construite en 1845, par M. Herbault, architecte, qui a suivi à peu près les plans de son devancier. L'église, en forme de croix, est assez belle. Elle fut consacrée, sous l'invocation de *Sainte Anne* et de *Saint Charles Borromée*, par l'évêque Pierre Sabatier, le 3 novembre 1708. Le portail, construit depuis cette époque, n'a rien de gracieux ni d'élégant. On remarque, dans l'intérieur de cette église, un groupe en pierre, ouvrage de Cressent, qui représente l'Assomption de la Vierge.

L'hospice Saint-Charles renferme un de ces établissement salutaires que Saint Vincent-de-Paul créa pour prévenir les infanticides : on reçoit, dans un *tour*, placé à droite de la porte d'entrée, les enfants que délaissent leurs mères. Au bas de ce tour, on lit cette inscription touchante :

A L'ENFANCE ABANDONNÉE.

Cet hospice est maintenant sous la direction des religieuses hospitalières de Saint-Vincent-de-Paul et d'un bureau d'administration : il contient quatre cents lits, dont cent pour les vieillards-hommes; cent pour les vieillards-femmes; cent pour les garçons et cent pour les filles de la ville et de la banlieue.

Hospice des Incurables, grande rue de Beauvais, 91. L'inauguration de ce précieux établissement se fit avec pompe le 13 décembre 1829, en présence des autorités et d'un grand nombre d'habitants de la ville. On le doit au zèle de deux prêtres d'Amiens, MM. Duminy, ancien curé de la cathédrale, et Léraillé, curé de Saint-Remi. La maison, qui se compose des anciens bâtiments de l'*hôtel des douze pairs de France*, fut achetée moyennant 60,000 fr. par ces deux ecclésiastiques, avec le secours de quelques personnes charitables, notamment de madame veuve Laurendeau. Honneur éternel à ceux qui ouvrent ainsi des refuges à l'humanité condamnée à d'irrémédiables infirmités.

Hôtel de la Gendarmerie, rue des Jacobins, 62, est établi dans l'une des dépendances de l'ancien couvent des Ursulines; les bâtiments en sont très-vastes, et conservent presque dans tout leur entier les marques de leur ancienne destination.

Hôtel-Dieu, Hôpital situé rue Saint-Leu, près d'un pont auquel il a transmis sa dénomination.

Connu dans l'origine sous le nom d'Hôpital de Saint-Jean, il est mentionné dans les titres dès l'an 1100. L'Hôpital de Saint-Jean se trouvait alors placé sur la petite rivière d'Avre, non loin de la Cathédrale et du Palais épiscopal. Au nombre de ses bienfaiteurs, figurent en première ligne un seigneur de Vignacourt, Pierre d'Amiens, qui donna le fief de Regnauval en 1184, et Guillaume III, comte de Ponthieu, qui le gratifia d'un revenu de dix muids de sel.

Des motifs de salubrité déterminèrent l'administration de l'établissement à le transférer, en 1236, à la place qu'il occupe aujourd'hui. Les libéralités de quelques personnages de marque, amis de l'humanité, avaient favorisé ce déplacement. Jean de Croy fit don du terrain qui forme une espèce de péninsule. Gauthier, seigneur d'Heilly, abandonna un emplacement limitrophe du précédent, et qui fut annexé à cet hospice. Alors furent augmentées les constructions primitivement établies. Le Chapitre de la Cathédrale, jaloux de participer à cette œuvre pieuse et philanthropique fournit des rentes assez considérables. De riches particuliers suivirent l'impulsion donnée, et, par des dotations plus ou moins importantes, répondirent de toutes parts à ces exemples, de sorte que les revenus de la maison s'accrurent en très-peu de temps. La maladrerie d'Ossonville, ou Blanche-Abbaye, fut réunie à l'Hôtel-Dieu en 1296. On avait construit, en 1520, au bout du jardin, une salle dite *des Pestiférés*, démolie en 1675, et dont les matériaux servirent à la construction du dortoir.

Les différents corps de bâtiments sont très-étendus; mais leur distribution n'a point toute la régularité qu'on désirerait y trouver. Cela résulte de ce qu'ils furent construits à diverses époques. Quoi qu'il en soit, ils sont salubres et présentent toutes les commodités possibles. Trois cours principales en séparent les différentes parties, et facilitent la circulation de l'air. D'importantes constructions récemment élevées, permettront de recevoir dans ce magnifique établissement, un plus grand nombre de malades.

La façade sur la chaussée Saint-Leu, présente trois genres différents d'architecture. La partie qui borde la rivière servait autrefois d'église, et fut construite, au commencement du XVIe siècle, des deniers d'Adrien de Hénencourt, chanoine, qui se rendit célèbre par ses fondations nombreuses et par les embellissements multipliés qu'il fit exécuter à la Cathédrale. Le portail de l'église actuelle est de la fin du XVIIIe siècle; construit en forme de péristyle et dans un style pur, il mérite quelque attention. La porte d'entrée est du XVIIe siècle, et ne présente rien de remarquable..

L'Hôtel-Dieu est destiné aux malades, aux blessés de tout âge et de tout sexe, tant de la ville que de la banlieue. Les incurables et les personnes attaquées de maladies chroniques n'y sont pas reçus. Il y a deux cents lits pour les malades civils et militaires. Les hommes et les femmes ont des salles qui leur sont propres; une salle particulière est affectée aux femmes en couche.

Les salles des militaires n'ont aucune communication avec les salles civiles.

Cette maison, dont on admire l'ordre et la propreté, est confiée, comme les précédentes, aux soins des religieuses de l'ordre de Saint-Vincent-de-Paul. Elles y sont au nombre de quinze. Ces filles, modèles de la charité chrétienne, s'immolent sans réserve au soulagement de l'humanité souffrante. Avec quelle patience inaltérable, inouïe, quoique exposées à des dégoûts continuels, avec quelle douceur angélique les voit-on prodiguer sans cesse des consolations de tous les genres aux infortunés, qui ne réclament jamais en vain leur salutaire assistance. Qu'elle était donc belle l'âme de celui qui le premier conçut l'idée d'une si admirable association !

L'Hôtel-Dieu est le chef-lieu de l'*École secondaire de Médecine et de Pharmacie*, dont l'enseignement a pour but de former des officiers de santé et des pharmaciens. L'amphithéâtre où se donnent les leçons renferme une pièce anatomique en cire, digne d'intérêt par son exécution.

Hôtel-de-Ville ou Mairie, situé place de la Mairie, dont il forme le côté méridional, chef-lieu de la Municipalité d'Amiens, du Tribunal de Commerce, du Conseil des Prud'hommes, de l'Académie des sciences, commerce, belles-lettres et arts du département de la Somme, et du Conseil de discipline de la Garde nationale.

C'est l'un des monuments les plus vastes et les plus recommandables d'Amiens. Il ne fut achevé qu'en 1760. La longueur de la façade principale est de 68 mètres : elle devait être double d'après un plan adopté lors du commencement des constructions. Cette façade est d'un aspect régulier. Le soubassement est décoré d'arcades feintes. C'est au rez-de-chaussée, qu'ils occupent en totalité, que sont établis les divers bureaux des employés, et la salle du secrétariat.

L'étage supérieur, d'une architecture qui s'accorde

74.

Bibliothèque — Page 90.

Port d'Aval — Page 89.

avec celle des autres parties de l'édifice, est remarquable aussi par son exécution simple et de bon goût. Pour parvenir à cet étage, il faut pénétrer dans la cour de l'Hôtel-de-Ville et prendre un escalier placé dans l'aile du bâtiment que l'on trouve alors à sa droite. On monte ainsi aux différentes pièces du haut. On rencontre d'abord les salles d'audience du tribunal de commerce, puis la grande salle, ensuite celle du Conseil ou du Congrès, vastes appartements décorés avec luxe et ornés de tableaux de bons maîtres presque tous d'une grande dimension. Ces tableaux, extraits du Musée spécial de l'école française, ont été envoyés par le Gouvernement, lors du congrès d'Amiens. Les plus estimés sont les suivants :

Une Mère spartiate, faisant jurer à son fils, sur l'autel de la Liberté, de défendre la patrie, par Boucher ;

La Mort de Priam, d'après le récit de Virgile, tableau animé et d'un bel ensemble, par Regnaud ;

Auguste annonçant la paix et donnant l'ordre de fermer les portes du temple de Janus, par Carle Vanloo ;

Marc-Aurèle faisant distribuer du pain au peuple de Rome, lors d'une disette, par Vien ;

Une chasse à l'Autruche, par Carle Vanloo ;

Une chasse à l'Ours, par le même ;

Une chasse aux Crocodiles, par Boucher ;

Une chasse au Tigre, par le même ;

Ces quatre derniers sont d'une grande beauté et très-prisés des amateurs.

C'est dans la grande salle que l'Académie tient ses séances, et qu'ont lieu les cérémonies publiques et les bals donnés par la ville. On y fait encore les distributions de prix aux élèves des différents cours communaux.

Puis vient le vestibule qui sert d'issue à la salle du Congrès, et dans une salle contiguë sont renfermées les archives de la Mairie.

Cet édifice, qui commence à se ressentir des injures des ans, attend une restauration ou plutôt une réédification complète.

Jardin des Plantes, situé dans une presqu'île près du grand bassin du canal et contre le boulevard du Jardin des Plantes.

Ce jardin appartenait, dans le principe, au domaine de l'État. Connu alors sous le nom de *Jardin du Roi*, il était, pour la jeunesse, un lieu de danses et de plaisirs. Pourtant ses mystérieux bocages furent détruits en 1708, et ses tapis de verdure transformés en trous à tourbe. Etrange métamorphose !... Il resta, pour ainsi dire, sans destination jusqu'en 1751, quand Louis XV l'abandonna à la ville, à condition que celle-ci en céderait la jouissance à l'Académie des sciences, arts et belles-lettres, nouvellement instituée, pour y faire un cours de Botanique. Les premières leçons eurent lieu en 1754 et se continuèrent avec succès jusqu'en 1793, époque à laquelle l'Académie fut supprimée comme toutes les corporations savantes. Le Jardin des Plantes retourna naturellement au domaine, et fut placé sous la surveillance immédiate du district d'Amiens. Une commission des arts, établie près de ce district, détermina l'administration à pourvoir à la conservation et à l'entretien d'un établissement si utile et si apprécié dans une ville de commerce. Aussi se trouva-t-il en très-bon état, lorsqu'il fut mis à la disposition de l'école centrale, et que le professeur d'histoire naturelle y rouvrit le cours de botanique appliquée.

Alors, par suite de l'extension donnée à la science, le terrain éprouva des améliorations importantes. Il fut disposé de manière à contenir un plus grand nombre de plantes exotiques et indigènes, que l'on devait ranger d'après une classification plus régulière. Le gouvernement en envoya une partie ; la ville acheta le reste, de sorte que la collection devint assez complète.

En 1801, on disposa en gradins des arbres de différentes espèces sur le talus du rempart placé à l'ouest du jardin, et que le ministre de la guerre venait de concéder à l'école de Botanique.

L'Ecole centrale étant supprimée en 1804, la ville reprit possession du Jardin des Plantes, et se chargea des frais de l'entretien et du paiement d'un professeur. Depuis lors il est resté sous la juridiction de l'autorité municipale : le cours de Botanique y a toujours eu lieu chaque année, de la mi-mai à la mi-août.

Le Jardin des Plantes se compose de deux parties séparées par un des bras de la rivière de Somme, que l'on traverse sur un pont en bois. Dans la première, on voit, à droite en entrant, le pavillon servant de cabinet d'histoire naturelle, et plus bas la serre chaude ; à gauche, le logement du conservateur, et devant soi l'emplacement où l'on cultive les plantes : il figure un parallélogramme disposé en plates-bandes. Les plantes sont classées par familles : des étiquettes en fer-blanc et en verre, hantées sur des jalons en fer, indiquent le nom de chacune d'elles, et si elles sont vivaces ou annuelles.

La seconde partie, bien moins étendue que la première, est connue sous la dénomination d'école d'arbres fruitiers. On y remarque quelques espèces étrangères.

Un bras de la Somme lui sert de limite au levant, et coule avec une étonnante rapidité.

Lors de la belle saison, les habitants d'Amiens trouvent, dans le Jardin des Plantes, l'agréable à côté de l'utile : il leur offre une promenade riante, paisible, et des points de vue assez variés.

Lycée impérial, rue des Lirots, n°. 32, forme le coin de cette rue et de celle de Saint-Jacques. — Ce Lycée, dont le ressort comprend les départements de la Somme, de l'Oise et de l'Aisne, est situé dans l'une des parties de la ville les plus élevées et les plus salubres, avantage précieux et bien essentiel pour un établissement de ce genre. Les bâtiments sont très-vastes ; ils composaient l'ancienne abbaye de Saint-Jean, ordre des Prémontrés. Dans la première cour, d'une grande étendue, on remarque le fronton qui décore la classe de chimie ; il ne manque pas de noblesse ; la seconde est enserrée dans un cloître quadrangulaire, sur lequel les différentes classes ont leur entrée : au milieu s'élève un arbre plus que centenaire, qui l'ombrage au loin de sa vaste coupole de verdure ; impassible témoin, il voit chaque année couronner les jeunes lauréats sur le théâtre académique dressé devant lui. Le réfectoire et la chapelle, placés en regard, et de dimension à peu près pareille, sont très-remarquables. On y voit une suite de fort bons tableaux, fixés dans les lambris, séparés les uns des autres par des pilastres d'ordre corinthien, et représentant divers sujets tirés de la Bible. Les classes, les dortoirs, les salles d'études spacieux et bien aérés, méritent une mention particulière. Les élèves prennent leurs récréations dans deux grands jardins commodément disposés, où ils s'exercent à des jeux de toute espèce ; on y a joint, depuis plusieurs années, des appareils gymnastiques propres à développer leur force physique, à donner à leurs membres la grâce, la vigueur et la souplesse. Une discipline sévère, et l'ordre le plus parfait, règnent dans ce bel établissement, d'où sont sortis, et d'où sortiront encore les sujets les plus distingués et les plus capables d'honorer la cité qui les a vus naître. Des professeurs du plus grand mérite, recommandables à la fois par leurs talents, leurs lumières, leur expérience, y remplissent, avec un zèle infatigable et un entier dévoûment, les devoirs attachés à leurs nobles fonctions.

Maison des Frères de la Doctrine chrétienne. — La maison principale se trouve rue de la Bibliothèque. Cet édifice d'un style simple, mais régugulier, est bien approprié à sa destination : les Frères y instruisent, par la méthode de l'enseignement simultané, une grande partie des enfants de la classe pauvre. La maison pour la paroisse de la Cathédrale est située Impasse Rubempré. On y a joint une Salle d'Asile.

Quartier Saint-Leu. La maison est située rue des Minimes, avec Salle d'Asile.

Quartier Saint-Germain. La maison est située Ile-Saint-Germain, maison Morgan, avec Salle d'Asile.

Quartier Saint-Jacques. La maison est située sur le boulevard des Frères, avec Salle d'Asile également.

Maison des Religieuses de Louvencourt A SAINT-ACHEUL. — Ce monastère est parallèle à la grande route, de laquelle il paraît un peu trop rapproché. Comme celui de la Visitation, il a été construit tout en briques, en 1844.

Cette construction, dédiée aux Sacrés-Cœurs de Jésus et de Marie, et due à la généreuse munificence de madame la marquise Dupuy de Gerville, en faveur des pauvres orphelines, a été faite sous l'épiscopat de Mgr. Mioland, qui en a bénit lui-même la première pierre, en présence de MM. de Brandt, aumônier de Monseigneur ; Libermann, supérieur des missionnaires du Sacré-Cœur de Marie ; Cachelcu, aumônier de la maison-mère ; de Madame Saint-Bernard, supérieure-générale des religieuses des Sacrés-Cœurs de Jésus et de Marie, dites des *Louvencourt;* de Madame Saint-Stanislas, supérieure de la maison des Orphelines, et de M. J. Herbault, architecte, le 19 juillet 1844.

Les jardins de cette maison sont très-vastes. On élève, dans cette communauté, un certain nombre de jeunes filles privées de pères et de mères.

Maisons remarquables. — Nous en citerons quelques-unes recommandables par leur ancienneté, leur élégance et leur construction. Nous indiquerons, par exemple :

1°. La maison de M. Morgan de Belloy, rue du Port, près le Port d'Aval, dont l'entrée en ogive, aujourd'hui bouchée, avait quelque chose qui rappelait le moyen-âge, à cause des deux tourelles en cul-de-lampe dont elle était flanquée et qui subsistent encore ;

2°. Celle de MM. Caron et Lambert, rue des Vergeaux et sur la place du Grand-Marché, 1, la plus élevée de la ville après celle de l'Oratoire ;

3°. Celle de la rue des Vergeaux, 61 et 63, enrichie de sculptures de l'époque de la *Renaissance*, qui ont été mutilées par un ciseau ignorant : on la regarde comme un jolie morceau d'architecture ;

4°. Celle de la place Périgord, 1, bâtie lorsque l'on eut le projet de donner à cette place une forme ovale et d'élever au centre un obélisque ;

5° Celle de la rue des Jacobins, 9, construite sur les dessins de l'architecte Christophe ;

6°. Celle de la rue Saint-Denis, 28 ; le cardinal de Richelieu la fit bâtir, en 1638, pour y placer le bureau des finances ;

7°. Celle de la rue du Quai, 22 ; où était la manufacture de tapis de M. Laurent-Morant.

Nous ne devons pas omettre, en parlant des habitations les plus remarquables d'Amiens, le *Logis-du-Roi*, situé passage de ce nom, 5. — De cet édifice, autrefois considérable et digne de former une royale demeure, il ne reste plus, pour ainsi dire, que deux tours en briques, qui semblent n'en former qu'une parce qu'elles sont jointes ensemble ; elles se laissent apercevoir d'assez loin. Sur la corniche d'une maison à travers laquelle le passage a été ouvert, on voit quelques ornements de sculpture et deux portraits en reliefs ; cette maison faisait encore partie du *Logis-du-Roi*, qui avait été construit par ordre de François Ier. Ce monarque devait d'abord l'habiter lui-même ; mais il renonça dans la suite à ce projet, et le donna pour demeure aux gouverneurs de Picardie. Les bâtiments composent aujourd'hui des habitations particulières.

Marchés. — Le principal Marché d'Amiens, celui aux *Fruits et aux Légumes*, actuellement appelé *Marché de Lanselles*, du nom du donateur qui fournit les fonds nécessaires à sa construction, est situé place du Grand-Marché. Il a lieu tous les jours. L'édifice, qui sert aux marchands, est un vaste parallélogramme où les vendeurs sont parfaitement installés, et où le public peut circuler à l'aise. Au centre est une cour qui sert au déchargement des voitures. De vastes caves sont, en outre, disposées pour placer les marchandises.

Le Marché au Blé se tient à la Halle au Blé, rue des Trois-Cailloux ; il a lieu les mercredi et samedi. Il est très-considérable le samedi.

Le Marché aux Chevaux, place de ce nom, derrière le bureau d'octroi de la barrière du Cours, a lieu le samedi de chaque semaine.

Le Marché au Beurre, aux OEufs et à la Volaille, le samedi, place de l'Hôtel-de-Ville.

Le Marché aux Fleurs, aussi place de l'Hôtel-de-Ville, est très-considérable le vendredi-saint ; il a lieu depuis ce jour jusqu'à la Pentecôte, les vendredi et samedi de chaque semaine.

Le Marché à la Féraille, place Saint-Firmin, le samedi de chaque semaine.

Le Marché aux Perches et aux Echalas, foire très-considérable, rue Saint-Denis, contre le mur de clôture du Palais de Justice, le vendredi et le samedi saints.

Le Marché à la Toile, à la Halle au Blé, le samedi matin.

Musée d'Histoire Naturelle. — Il fut fondé en 1840, sous la direction de M. le maire d'Amiens. Il est établi dans les combles de l'amphithéâtre du Jardin des Plantes. Dès 1842, il présentait déjà un ensemble fort satisfaisant, grâce aux dons volontaires de plusieurs particuliers, au nombre desquels il faut placer

St Germain, vu pris de du Quai — Page 61

en première ligne madame la comtesse d'Auberville, qui enrichit la collection de trois cents oiseaux et de cinquante quadrupèdes, comprenant soixante-dix genres environ. Bientôt une subvention de 1200 francs fut accordée, pour chaque année, par la ville, et cette collection scientifique a pris un rapide accroissement. La Botanique, la Minéralogie, la Zoologie, y sont convenablement représentées.

Oratoire (l'), situé rue de ce nom, appartenait, avant la révolution, aux Oratoriens. Il est actuellement occupé par les *Dames du Sacré-Cœur*, qui y ont érigé un pensionnat de jeunes demoiselles. L'emplacement est bien choisi et l'intérieur bien distribué. Le nouveau corps-de-logis, bâti en 1825 et joignant l'église de l'Oratoire, est remarquable par sa belle construction, la façade a environ 34 mètres de longueur sur 20 de hauteur.

Palais de Justice, chef-lieu de la Cour Impériale d'Amiens et du Tribunal civil; il est établi dans le local de l'ancien couvent des Célestins. Situé derrière la Salle de Spectacle et contre la prison dite des Grands-Chapeaux, cet édifice à deux entrées différentes : l'une sur la rue de Saint-Denis, fermée par une belle grille en fer; l'autre sur le cloître de la Barge.

Un jardin planté d'acacias et formé par de vastes et belles pelouses ouvre sur la rue Saint-Denis, et fait mieux ressortir la longueur du principal corps de bâtiment. De la terrasse, qui règne au sud, on jouit d'une vue magnifique du côté méridional de la cathédrale.

La grande façade a un aspect imposant, à cause de son étendue. Deux portes se trouvent à cette façade : celle de gauche conduit dans un couloir par lequel on entre dans la Cour d'Assises, dans la salle des jurés et dans celle où l'on dépose les accusés pendant que le jury délibère sur leur culpabilité ou sur leur innocence. Derrière est le jardin de la Cour, d'une contenance peu considérable, mais bien disposé en jardin anglais ; la seconde porte, celle de droite, donne sur une galerie dont l'issue est le cloître de la Barge, et qui laisse à son centre une petite terrasse quadrangulaire. C'est le rendez-vous habituel de quelques bons et honnêtes petits bourgeois, rentiers et promeneurs par profession, qui viennent y traiter souvent les hautes questions d'économie publique et de politique, discuter et répartir à leur guise les intérêts généraux comme ceux des particuliers. Autour de cette galerie sont les entrées qui conduisent aux salles occupées par les différentes sections de la Cour impériale et du Tribunal civil de l'arrondissement d'Amiens, dont les différents noms sont inscrits au-dessus de chaque porte. Les décorations de chacune de ces salles, quoique simples, sont à remarquer : leur simplicité a quelque chose de l'éclat austère qui convient à la justice, de cet éclat dont elle a besoin de s'environner pour donner, en quelque sorte, plus de solennité à ses arrêts. On distingue surtout la salle d'audience de la Chambre civile, et la Chambre du conseil.

A l'une des extrémités du cloître est une petite porte, à droite de laquelle on communique du Palais de Justice, à la maison de justice et à la maison d'arrêt.

Palais Épiscopal. — L'entrée principale est vis-à-vis la place Saint-Michel ; une autre ouvre sur la rue des Soufflets, et c'est par cette dernière que défile la pompe funèbre des évêques.

La principale entrée, bâtie en 1748, par l'architecte Christophe, supportait deux lions en pierre, de grandeur naturelle, et couchés aux deux côtés d'un écusson non armorié. Elle a été remplacée, tout récemment, par une porte nouvelle et un mur d'enceinte, dont le style et les ornements sont en harmonie avec les constructions et chapelles qui enceignent la cathédrale de ce côté. Une longue et belle avenue conduit au palais, dont la façade, en forme de péristyle, est d'assez bon goût.

On voit dans la nouvelle salle une collection de tableaux représentant quelques-uns des évêques qui occupèrent le siége d'Amiens. Autrefois la galerie était ornée de tableaux de prix, dont les cadres, surchargés de sculptures et travaillés avec un art et une patience admirables, offraient un monument remarquable du goût dominant de l'époque où ils furent exécutés. Quelques-uns ont été conservés : ils proviennent tous de maîtres de la confrérie de Notre-Dame du Puy. On pense généralement que celui qui représente, entre autres sujets, l'arrivée à Amiens du roi François Ier, est de Léonard de Vinci, peintre de ce monarque : le dessin n'en est pourtant pas assez correct pour qu'on puisse y reconnaître l'œuvre d'un artiste aussi renommé.

Les appartements de l'Evêché sont distribués et décorés avec élégance. Les constructions, tant du corps-de-logis principal que de ses dépendances, occupent un espace étendu de terrain. Les jardins sont beaucoup plus spacieux encore.

Passages. — Amiens s'est enrichi depuis quelques années, de plusieurs beaux Passages. Nous citerons :

1°. Le *Passage du Commerce*, qui réunit la rue des Trois-Cailloux à la rue des Jacobins; ce passage, voisin du théâtre et situé dans un brillant quartier, est sans contredit le plus agréable et le plus fréquenté de tous. Sa construction est simple et de bon goût; les boutiques sont ornées de moulures d'un joli effet; de nombreux becs de gaz y répandent chaque soir une vive et rayonnante clarté;

2°. Le *Passage de la Renaissance*, construit sur les plans de M. Cheussey, ancien architecte de la ville; il est d'un style élégant, reproduisant avec fidélité l'architecture et l'ornementation de l'époque que son nom rappelle. Les deux côtés de l'angle formé par le passage sont réunis par un octogone, surmonté d'une légère coupole dont les gracieux soutiens ainsi que les autres ornements de la galerie, ont été exécutés par l'un de nos plus habiles fondeurs. Il est à regretter que la façade un peu mesquine de la rue des Trois-Cailloux, n'ait pu offrir les proportions plus larges et plus monumentales de celle de la rue des Sergents;

3°. Le *Passage de la rue au Lin* n'offre rien de remarquable. Il joint la rue du Chapeau de Violettes à la rue au Lin;

4°. Le *Passage de la Comédie*, en face du théâtre;

5°. Le *Passage Lenoël*, réunissant les rues de Metz et Gresset;

6°. Le *Passage des Cordeliers*, joignant cette rue à la petite rue de Beauvais.

Places. — Amiens n'est pas riche en belles places. Nous devons pourtant citer d'abord celle occupée par le *Marché de Lanselles*, comme la plus vaste et l'une des plus anciennes; — celle du *Marché au Feurre* qui lui fait suite; — la *Place Périgord*, centre de la ville, qui, d'après les premiers plans, devait former un vaste demi-cercle; elle est décorée de deux maisons monumentales placées en face l'une de l'autre aux deux extrémités, et font un bel effet; — la *Place Saint-Martin* et celle de *Saint-Firmin*, toutes deux terrassées et ornées d'arbres et de trottoirs; — la *Place Saint-Denis*, la plus jolie d'Amiens : les maisons qui l'entourent sont, de deux côtés, du moins, régulières et imposantes; le milieu, formant un carré bordé d'acacias en boules, et orné de la statue en bronze de Ducange, dû au talent du sculpteur Caudron, rappelle les squares de Londres, et repose agréablement les yeux par l'aspect d'une fraîche verdure; — citons encore la *Place Saint-Michel*, attenante à la cathédrale, où s'élève la statue de Pierre l'Hermite, œuvre remarquable de M. Forceville, notre compatriote ; — et celle de *Longueville*, située à l'entrée du boulevard du Mail, d'une étendue considérable, et qui sert fréquemment pour la troupe de lieu d'exercice et de revue ; — mentionnons encore pour mémoire la *Place du Port d'Aval*, en face du Château-d'Eau.

Poissonnerie. — Cet édifice communal, de construction moderne, est situé au bas du Marché de Lanselles, et a une sortie sur la rue des Tanneurs. La façade sur le Marché présente assez de régularité dans son ensemble.

Ponts. — Des cinquante Ponts qui établissent à Amiens la communication entre les quartiers séparés par les bras si nombreux de la rivière de Somme, aucun ne mérite d'être cité pour sa beauté. Trois seulement se recommandent par l'ancienneté de leurs construction.

Les anciens Ponts *de Barabant* et *du Cange*, construits en 1423 et 1429, ont subi des modifications que leur état de vétusté rendaient indispensables. Ceux du boulevard de la Citadelle et du Jardin des Plantes, et celui par lequel on entre dans la chaussée Saint-Pierre, sont d'une construction neuve, simple, élégante et solide à la fois.

Le nouveau *Pont Saint-Michel* a été reconstruit dans le cours des années 1844 et 1845. Sur le terre-plein, on a élevé un bâtiment d'une forme assez remarquable. Le bas contient les machines hydrauliques servant à l'élévation des eaux de la *Fontaine des Frères* et de celle de *Marie-Caron*, dans les divers réservoirs construits à la même époque aux frais de la ville, et à leur distribution dans les différents quartiers. La partie supérieure du même bâtiment se compose de plusieurs appartements destinés au logement du gardien mécanicien qui veille à l'entretien de ces ingénieuses machines, dues à M. Mary. Il renferme, en outre, le logement et les bureaux du directeur des Fontaines. Le Pont Saint-Michel a 45 mètres de longueur, et 8 mètres de largeur d'une tête à l'autre; il est formé de deux arches semblables, ayant chacune 11 mètres d'ouverture, et 1 mètre 60 centimètres de flèche.

Portes d'entrées ou Barrières. — Les diverses entrées d'Amiens étaient, à une époque encore peu éloignée de nous, fermées par autant de portes en ogive, et flanquées de tours pour la plupart vues du dehors; elles produisaient, avec l'ensemble des fortifications, l'aspect le plus pittoresque. Ces portes, d'une épaisseur considérable, défendues autrefois par des ponts-levis et des ouvrages environnants, alors qu'Amiens était considéré comme ville frontière, et que des guerres presque continuelles désolaient nos contrées, devenues de nos jours complètement inutiles, ont été détruites jusqu'à la dernière, celle de la porte Saint-Pierre, démolie en 1831. Les entrées ne sont plus maintenant que de simples barrières.

Ports. — Il y a deux Ports à Amiens; tous les deux tirent leur nom de leur situation respective, l'un, appelé le *Port d'Amont*, près le pont du Cange et la Voirie; l'autre, le *Port d'Aval*, vis-à-vis le Château-d'Eau.

Le premier, de date récente, fut établi lors de la formation du Canal, pour y décharger les charbons de terre, les bois et autres marchandises qui viennent par la haute Somme, de l'Oise et de l'Escaut. Quoiqu'il laisse encore beaucoup à désirer, il n'en offre pas moins de grands avantages pour les hauts quartiers de la ville avec lesquels il communique par le boulevard de l'est; ou plutôt par le pont des Augustins, que l'on a reconstruit pour diminuer une pente trop rapide, et en face duquel on a percé une nouvelle rue. C'est là qu'eut lieu, en 1850, la brillante fête nautique célébrée pour l'inauguration de la statue de Ducange, et deux ans plus tard, celle encore plus splendide donnée par la ville, en l'honneur de Gresset.

Le *Port d'Aval*, achevé en 1738, présentait de grands obstacles dans sa construction. L'art des ingénieurs les fit cependant disparaître : on regrettait seulement qu'il ne s'étendît pas davantage, car il n'était primitivement que la moitié de ce qu'il est aujourd'hui : toutefois, les divers projets présentés pour son agrandissement, demeurèrent sans exécution jusqu'à l'époque de l'ouverture du canal de la Somme. Cet agrandissement devenait dès-lors indispensable, et il fut décidé qu'il serait continué jusque vis-à-vis le boulevard qui porte son nom : les travaux exécutés avec ensemble et promptitude furent achevés en 1830. Dans sa position actuelle, le Port d'Aval offre un abord sûr et commode pour le débarquement des marchandises.

De l'autre côté de la Somme, à peu de distance de l'endroit où s'élève la haute cheminée de l'usine à Gaz de la Compagnie européenne, et où le canal s'embranche avec la rivière, on jouit d'une vue très-pittoresque d'une partie de la ville ; le spectateur voit se dérouler devant lui toute l'étendue du Port, où viennent se presser, lorsque les circonstances sont favorables au commerce, les larges gribanes de la Somme, les longs bateaux de l'Escaut, de l'Oise et de la Seine. A l'extrémité de la grève s'élève le Château-d'Eau, dessinant sur l'azur du ciel sa masse régulière aux formes bien arêtées ; au second plan, c'est l'antique clocher de Saint-Germain, bruni par les années, qui domine la colline sur laquelle il est bâti ; plus loin, vers la droite, les regards se reposent sur la tour du Beffroi et son dôme élevé dans les airs ; enfin, à l'extrémité du tableau, les deux tours du grand portail de Notre-Dame dessinent, dans le lointain, leurs contours réguliers, tandis que la flèche hardie du gothique édifice s'élance avec légèreté jusqu'au sein des nues.

Préfecture (Hotel de la), situé rue des Rabuissons, n° 45. Il fut commencé vers 1761, et devait servir de résidence à l'intendant de Picardie. D'après les premiers plans adoptés, il devait être d'une grande magnificence, et beaucoup plus vaste qu'il ne l'est, puisqu'il n'occupe guère que le quart de l'emplacement primitivement assigné aux constructions. Malheureusement la guerre de sept ans absorba la majeure partie des fonds mis depuis longtemps en réserve pour cet objet : au surplus, le manque d'étendue est peut-être le seul reproche que l'on puisse faire à cet édifice. Les distributions en sont commodes, faites avec goût : il se compose d'un corps de logis principal, qu'accompagnent deux ailes parallèles, séparées par une cour. Au rez-de-chaussée se trouvent trois beaux salons, dont le principal fut décoré de la manière la plus splendide, lors du passage à Amiens de leurs Majestés Impériales, au mois d'octobre 1853. Derrière l'hôtel s'étend un vaste jardin parfaitement entretenu.

Les Bureaux sont placés dans l'aile droite du monument.

Depuis le mois d'octobre de l'année dernière, un magnifique trottoir en bitume s'étend dans toute la largeur de la façade, et ajoute beaucoup à l'importance et à l'aspect général de l'édifice.

Prisons. — La ville d'Amiens en renferme trois, savoir :

1°. *Bicêtre*, maison de correction, située faubourg du Cours, près de la Hotoie. Elle fut construite vers 1780, pour servir de dépôt de mendicité. Les bâtiments en sont vastes et tout en briques ; l'espace compris entre les quatre gros pavillons qui en forment les angles, se divisent en plusieurs cours aboutissant les unes aux autres, afin de rendre la surveillance plus facile aux gardiens. La chapelle est décorée avec simplicité. Les hommes et les femmes sont séparés, même pendant l'office divin. Un tiers du produit du travail des détenus leur est abondonné pour leurs menus besoins ; un autre tiers est mis en réserve jusqu'à leur sortie, et le dernier est appliqué aux dépenses de la maison.

2°. La *Prison Municipale*, autrefois placée au Beffroi, est provisoirement près de l'Hôtel-de-Ville, dans les bâtiments de l'ancienne Conciergerie.

3°. Une maison de justice et d'arrêt, dite les *Grands-Chapeaux*, près le Palais-de-Justice, où l'on dépose les prévenus de crimes ou délits de toute espèce. Entièrement construite en briques, elle présente toutes les conditions de salubrité convenables. Elle ne fut convertie en maison d'arrêt qu'en 1806. Avant cette époque, elle était occupée par les Frères de la Doctrine Chrétienne; de là lui est venue le nom de *Grands-Chapeaux*, du surnom donné à cette corporation d'instituteurs.

Promenades. — Si quelque ville peut vanter à bon droit le nombre et la beauté de ses promenades, c'est Amiens, sans aucun doute. Elles y sont, en effet, disposées et multipliées avec un soin digne d'éloges.

BOULEVARDS. Des Boulevards larges, bien plantés, ont remplacé les remparts qui, autrefois, enceignaient la ville, et opposaient à la circulation de l'air et par suite à la salubrité, l'obstacle de leurs masses élevées et impénétrables. Le double cercle d'arbres touffus qui enveloppe maintenant Amiens de sa ceinture verdoyante, l'assainit et lui donne un air de jeunesse bien plus flatteur à la vue, que de vieux pans de murs démantelés, dont l'aride nudité était à peine dissimulée sous un insuffisant manteau de monotone gazon: sur presque tout le contour qu'ils décrivent, et principalement sur le *Boulevard du Mail*, s'alignent de longues files de maisons remarquables par leur aspect gracieux et de bon goût; ce dernier boulevard, de 560 mètres de développement, tient à la place Longueville, dont le large carré s'étend sur l'emplacement de l'ancien bastion de ce nom, démoli lors de la construction du tunnel du chemin de fer de Boulogne. Il est à regretter que l'on n'ait pas pensé à obliger les constructeurs de maisons sur cette place, à se conformer à un alignement régulier, ainsi que cela s'était fait pour la place Saint-Denis. Sans cela, la place Longueville présenterait aujourd'hui un magnifique aspect, au lieu qu'elle ne présente à la vue qu'un mélange confus de maisons bâties sans plan ni méthode, bizarre entassement de constructions qui excluent toute idée d'ordre et de régularité. Espérons qu'une fontaine jaillissante, entourée de beaux arbres, viendra embellir et vivifier cette vaste place, que torrifient pendant tout l'été les rayons ardents du soleil. C'est sur cet emplacement que se tient tous les ans, au mois de juin, la Foire de la Saint-Jean.

Nous devons signaler, parmi les plus agréables promenades de la ville, les jardins qui s'étendent sur le revers du talus du chemin de fer de Boulogne, et se prolongent depuis la place Longueville jusqu'à la porte de Noyon, avec des sinuosités et des ondulations de terrains, qui en font de véritables jardins anglais dans toute l'acception du mot. Ces jardins, ornés de pelouses d'un vert gazon, d'arbustes au feuillage léger et délicat, de fleurs au parfum suave, au brillant coloris, offrent aux promeneurs les plus gracieux aspects à toutes les heures du jour et de la soirée.

La Voirie. On désigne sous ce nom une allée fort agréable, plantée en grande partie de saules, qui se prolonge, presque toujours entre deux cours d'eau, depuis la Barette jusqu'à La Neuville, et suit constamment les sinuosités de la rivière d'Avre : l'aimable solitude de cette promenade, la fraîcheur délicieuse qu'elle offre pendant les chaleurs de l'été, et je ne sais quoi de mélancolique et de champêtre, la recommandent aux âmes rêveuses et aux penseurs.

La Hotoie. Les étrangers ne manquent jamais, en visitant Amiens, d'aller voir le magnifique cours de la Hotoie, situé à l'ouest de la ville, près du faubourg qui porte son nom et de la route impériale d'Amiens à Calais. Cette promenade est depuis longtemps en possession d'une grande célébrité, et mérite sous tous les rapports les éloges qu'on aime à lui prodiguer. Ce n'était originairement qu'une prairie que possédait Marie de la Hotoie, et que cette noble demoiselle abandonna à la commune dans le XIV\ siècle. « *Je donne*, avait- » elle dit dans l'acte de cession, *le lieu de la Hotoie* » *pour égaudir la jeunesse.* » Les intentions de la donatrice furent respectées : la prairie se couvrit, à diverses époques, de plantations, à l'ombre desquelles, pendant les jours de fête, le peuple d'Amiens venait oublier gaiement ses fatigues de la semaine. La Hotoie s'agrandit successivement aux dépens de marais communaux et de quelques portions de propriétés particulières situées dans les alentours; mais elle ne reçut sa configuration actuelle qu'en 1759, époque où, d'après les données du célèbre Lenôtre, et sous les ordres de l'intendant de Picardie, Chauvelin, on la replanta entièrement.

Nulle promenade en France ne méritait de lui être comparée, avant que la hache impitoyable n'abattît ses grands ormes, en 1824. Qu'on se figure un vaste emplacement à peu près en losange, tapissé de magnifiques nappes de gazon, planté d'arbres antiques élevant leurs cîmes à une hauteur de 30 mètres, pour

94.

St-Jacques, vue prise près du faubourg de Hem. — Page 62.

Lith. I. Boileau Amiens

rapprocher alors leurs rameaux entrelacés et couvrir comme d'une voûte de verdure des allées à perte de vue.

L'administration municipale, en décidant que l'on formerait de nouveau une promenade publique, sur le terrain de la Hotoie, adopta les anciens dessins : c'était ce qu'il y avait de mieux à faire, et on lui doit savoir gré de cette sage mesure. Les tilleuls et les marronniers, que l'on choisit de préférence à l'orme pour rétablir les plantations, sont parvenus, en moins de trente années, à un point d'accroissement qui donne les plus belles espérances, mais ils ne nous rendront jamais ce somptueux berceau de verdure, unique en France, comme la nef de notre cathédrale, par sa hardiesse et sa majesté.

La Hotoie se développe sur une longueur de près d'un kilomètre ; sa superficie est évaluée à 19 hectares 30 ares. Trois allées principales, savoir : la grande allée du milieu et les deux contre-allées qui l'accompagnent, sont coupées par deux autres allées transversales, qui forment avec les précédentes quatre espaces vides et deux quinconces régulièrement plantés en marronniers. Les deux espaces les plus rapprochés de la ville figurent deux triangles rectangles : dans celui de droite on remarque des jeux de longue-paume et de ballon; dans celui de gauche, plusieurs jeux de tamis. Les deux espaces qui suivent, remarquables par leur étendue, se prolongent jusqu'au bout de la promenade; celui de droite servait, lors des réjouissances publiques, à différents jeux pour la jeunesse; celui de gauche, connu sous le nom de Champ de Mars, servait et sert encore aux évolutions militaires de la garde nationale et de la garnison. Il est plus convenable que l'autre à cet usage, parce qu'il est exposé au midi et que le terrain en est plus ferme.

Un canal de ceinture, alimenté par les eaux de la rivière de Selle, dont on a détourné sur plusieurs points la direction, environne le cours de la Hotoie et en détermine la circonscription : une large allée le borde sur tout son prolongement.

La promenade que nous décrivons est terminée par un superbe bassin qui lui donne un nouveau charme. Il est de forme ovale, porte 150 mètres dans son plus grand diamètre, c'est-à-dire, sur le côté qui fait face à l'allée du milieu, et 111 mètres sur le côté opposé. Des cygnes à l'éclatant plumage, aux contours harmonieux, glissent avec grâce sur son onde azurée et en font le plus bel ornement. Deux îlots placés au milieu leur servent de retraite.

Au sud de la Hotoie, on remarque encore plusieurs allées très-agréables qui conduisent soit au Petit-Saint-Jean, hameau de la banlieue, où se trouve le champ de courses de chevaux, soit à Renancourt, village qui possède une manufacture hydraulique pour la filature du coton.

A l'est de la Hotoie, dont il n'est séparé que par le canal, s'étend un jardin spacieux et agréable, ouvert au public, tapissé de belles pelouses gazonnées, et sans cesse rafraîchi par les courants d'eau vive qui serpentent à l'entour. C'est une fraîche et délicieuse promenade pendant la saison d'été.

La Hotoie a été de tous temps le théâtre des grandes fêtes publiques et des réjouissances populaires ; c'est là qu'eut lieu, en 1848, la fête de la Fraternité ; un splendide banquet fut offert, par la garde nationale d'Amiens, aux gardes nationaux de Paris et des départements circonvoisins, sur des tables dressées autour du bassin ;

un orage imprévu vint malheureusement abréger cette imposante réunion, et jeter la confusion parmi tous les convives. En 1849, l'Empereur actuel, alors Président de la République, accompagné du général Changarnier, y passa une grande revue qui avait attiré une affluence extraordinaire de curieux, et au mois de septembre de l'année 1853, il y parut encore avec l'Impératrice, qui assista, du haut d'une magnifique tribune, au défilé de la troupe de ligne, de la garde nationale et des corporations ouvrières, en présence d'un concours immense de spectateurs, accourus de tous les points du département.

Séminaire (GRAND) (1), situé à droite du faubourg de Noyon. Cet édifice, l'un des plus remarquables d'Amiens, fut entrepris, en 1739, aux frais de la congrégation des prêtres de Saint-Lazare; mais les deux ailes de bâtiments sur le jardin, n'ont été terminées que vers 1830. On parvient dans l'intérieur par un perron magnifique. La salle de réception et la pièce voisine sont décorées de peintures de médiocre valeur; elles représentent Jésus-Christ prêchant dans le désert, les vertus cardinales, et des marines. Le réfectoire est très-vaste. La chapelle offre un coup-d'œil assez agréable. Des colonnes accouplées supportent les voûtes du chœur et du sanctuaire, qui ont été restaurées en 1846. On voit, dans la nef, quelques tableaux remarquables; ils ont pour sujets la *Vie de saint Grégoire-le-Grand*. La bibliothèque contient environ 12,000 volumes, dont le catalogue a été dressé, avec beaucoup de soin, par M. l'abbé Delmas. Le cabinet de physique offre lui-même une collection précieuse d'instruments, qui s'aug-

(1) Musée et Histoire d'Amiens, 2e édition, Caron et Lambert.

mentera chaque année, si le conseil général du département continue à faire quelques dons à cet utile établissement. Dans la basse-cour se trouve un manége, à l'aide duquel on fournit d'eau toute la maison en peu d'instants. Le séminaire fut changé en hôpital militaire et en dépôt de mendicité après 1792 ; on ne le rendit à sa première destination qu'en 1817.

Société Philharmonique. — Depuis l'année 1836, Amiens est doté d'une *Société Philharmonique*. Ses commencements furent modestes, et les premiers concerts, donnés en présence d'un petit nombre de souscripteurs, eurent lieu dans la grande salle de la Mairie. Mais bientôt les encouragements qu'elle reçut de tous côtés, et le nombre toujours croissant des amateurs de musique, permirent d'améliorer cette institution nouvelle, et de consacrer des sommes plus importantes à la rémunération des artistes de premier ordre que la société appelait à figurer dans ses concerts. Un local plus grand pour les réunions musicales devint indispensable, et depuis l'année 1846, les concerts eurent lieu dans la salle du Théâtre, à peine assez spacieuse elle-même pour contenir la foule nombreuse qui s'y presse pour entendre les plus merveilleux instrumentistes, les chanteurs les plus admirables, réunis par les soins de son habile directeur, M. J. Deneux. Nous pouvons dire que sous son intelligente administration, la Société Philharmonique est arrivé au plus haut degré possible de splendeur et de prospérité ; il ne lui reste plus qu'à persévérer et à continuer de suivre la ligne brillante qu'elle a parcourue jusqu'à ce jour. La Société donne, par année, trois concerts dans la saison d'hiver, non compris un concert pour les pauvres, où paraissent tour-à-tour les plus hautes célébrités musicales. Le prix de souscription est de 10 francs pour les trois concerts. Les étrangers seuls peuvent souscrire pour un seul isolément, au prix de 5 francs.

Théâtre, rue des Trois-Cailloux, 49. — De tous nos édifices modernes, celui-ci est, sans contredit, le plus élégant : il fut construit par l'architecte Rousseau, de 1773 à 1779, et coûta 180,000 francs.

La façade, simple et de bon goût, est d'une délicatesse achevée. Les sculptures en relief qui la décorent, sont dues au ciseau de M. Carpentier fils, artiste distingué d'Amiens. On y remarque deux groupes de grandeur naturelle, la *Danse* et la *Musique*, la *Comédie* et la *Tragédie*, supportant deux à deux une cassolette. Les divers attributs de ces muses sont reproduits dans plusieurs médaillons. L'exécution parfaite des ornements, leur distribution mesurée, leur grâce et leur agencement plein de goût, donnent à l'ensemble de l'extérieur un aspect des plus agréables.

L'intérieur forme un ovale qui se divise, sur la hauteur, en trois rangs de loges. Le parterre est spacieux ; on y est assis commodément, mais il est trop bas eu égard à l'élévation de la scène ; un parquet peu étendu et encore plus enfoncé, le précède. La salle, éclairée par un lustre peut-être insuffisant, présente, il faut l'avouer, des avantages qu'on ne rencontre pas dans d'autres théâtres : les différentes parties n'étant séparées ni par des colonnes, ni par des cloisons, il en résulte que la voix des acteurs, ne rencontrant aucun obstacle, se développe librement et sans beaucoup d'efforts ; de plus, le spectateur voit également bien, à quelque place qu'il soit assis. La salle a été complètement restaurée avant l'ouverture de la saison de 1853—54. Le plafond, d'un bleu pâle, orné de figures allégoriques, est d'un bon effet ; la bordure blanche des loges sur laquelle se détachent de jolis groupes d'amours en carton-pierre, ressort avec vigueur, par l'opposition du rouge cramoisi des tentures du fond. Le rideau, fait sur le modèle de celui de l'opéra-comique de Paris, ne manque pas d'élégance.

Le Théâtre d'Amiens, qui dépend du 2e arrondissement théâtral, appartient à la ville, et peut contenir environ onze cents personnes. Une troupe sédentaire y joue, pendant huit mois de l'année seulement, de novembre à mai, l'opéra-comique, le drame, le vaudeville et la comédie. Il y a quelques années, on y adjoignait le grand opéra, qui a été supprimé comme étant au-dessus des forces des artistes, et en raison de l'insuffisance des décors et de la mise en scène.

L'orchestre, composé nominativement de quarante musiciens, mais en réalité d'une trentaine au plus, renferme dans son sein d'excellents éléments et des artistes de mérite, mais il lui manque cette discipline et cette unité si remarquables même dans les plus petits orchestres de Paris. — Les jours de représentations sont les dimanche, lundi et jeudi de chaque semaine.

SALLES PRINCIPALES. — Indépendamment de sa Salle de Spectacle, Amiens en renferme deux autres où se donnent fréquemment des Bals et des Concerts.

1°. La *Salle Saint-Denis*, sise à l'extrémité du passage de ce nom. Sans être grande, elle est fort agréable et bien décorée. Les lambris sont ornés de grisailles d'un travail délicieux, représentant diverses scènes empruntées à la mythologie : ces grisailles décoraient les principaux salons du château d'Heilly, et ont été heureusement rachetées et conservées lors de la vente des matériaux et de la démolition de cet antique édifice.

Cathédrale vue prise d'Abbeville. — Page 30.

2°. La *Salle Longueville*, remarquable par l'ampleur de ses proportions : elle n'a pas moins de 44 mètres de long, sur 22 mètres de large. Au fond est une tribune dans laquelle se placent les musiciens, pendant les soirées où l'on danse. C'est là qu'en 1848 se tinrent les clubs qui eurent lieu pour préparer les élections.

Sociétés Savantes. — Le nombre des Sociétés savantes est assez considérable à Amiens. Parmi les principales, nous devons citer en première ligne la Société des Antiquaires de Picardie, à l'initiative de laquelle cette ville est redevable du beau Musée qu'elle va posséder, et dont la construction se poursuit rapidement.

Elle fut fondée en 1836, sous le titre moins prétentieux de *Société d'Archéologie du département de la Somme*, par MM. Rigollot, docteur en médecine; A. de Clermont-Tonnerre, ancien colonel d'état-major; Cocquerel, ingénieur en chef des mines; Vincent, prêtre; l'abbé Dauthuille; F. Guérard, conseiller-auditeur; A. Bouthors, greffier en chef; F. Leserrurier, conseiller; Ad. de Grattier, substitut; H. Dusevel, membre de la Société des Antiquaires de France, auteur de l'*Histoire d'Amiens*; Ledieu, banquier; Aug. Leprince, rentier; Ed. Butler, littérateur et archéologue; et Aimé Duthoit, sculpteur.

Télégraphe électrique. — Amiens est maintenant un centre où aboutissent les fils du Télégraphe électrique des chemins du Nord et de Boulogne : un bureau pour la réception et la transmission des dépêches, est établi rue des Rabuissons, en face de la Préfecture, dans un local destiné à cet effet : en se conformant au tarif établi, les particuliers peuvent se servir, pour leurs affaires personnelles, de ce nouveau genre de communication si sûr et si rapide.

Usines à Gaz. — Deux importantes usines à Gaz sont établies à Amiens, et concourent simultanément à l'éclairage de la ville.

La première est placée aux bords de la Somme, à peu de distance du port, sur le chemin de hallage : elle fut fondée par la Compagnie européenne, en 1836.

La deuxième est établie au faubourg Saint-Roch : elle est sous la direction de M. Duroselle fils.

Amiens est maintenant éclairée d'une manière convenable, grâce à ces deux établissements : quelques rues seulement conservent encore avec les réverbères l'ancien éclairage à l'huile ; mais cette anomalie s'efface et disparaîtra bientôt entièrement.

RENSEIGNEMENTS

Concernant principalement les Voyageurs.

HOTELS.

Abreuvoir (de l'), petite rue de Beauvais, 11.
Amiénoise (de l'), rue des Trois-Cailloux, 14.
Berceau d'Or (du), place de l'Hôtel-de-Ville, 13.
Commerce (du), rue des Jacobins, 36.
Croix Blanche (de la), grande rue de Beauvais, 40.
France et d'Angleterre (de), rue des Rabuissons, 23.
Londres (de), place de l'Esplanade de Noyon.
L'Univers (de), place Saint-Denis.
Paris (de), rue des Jacobins, 18.
Pomme de Pin (de la), rue de Metz, 10.
Rhin (du), place Saint-Denis.
Rocher de Cancale (du), rue des Cordeliers, 3.
Écu de France (de l'), place Saint-Denis.
Bourgogne (de), petite rue de Beauvais.

RESTAURANTS.

Buffet de la Gare du Nord.
Defrance, place Périgord, 1.
Madame Contentieux, rue des Rabuissons.
Manceaux, rue des Corps-Nuds-sans-Têtes.

CAFÉS.

Vincent, rue des Trois-Cailloux, 28, et rue des Corps-Nuds-sans-Têtes.

Diollot, place Périgord, 16, et Passage de la Renaissance.

Rotonde (de la), rue des Sergents, 12, et Passage de la Renaissance.

Théâtre (du), rue des Trois-Cailloux, 51.

Paris (de), Passage et Tour du Logis-du-Roi.

Domart, Galerie du Commerce.

Vigreux, Galerie du Commerce, 28-29.

Bosquet (du), trois entrées, une Impasse des Jeunes-Mâtins; une rue des Verts-Aulnois; une rue Delambre.

François, rue des Verts-Aulnois.

Hippolyte, place Périgord.

Marquise (de la), rue des Trois-Cailloux.

Delattre, rue des Trois-Cailloux.

Vert, rue des Trois-Cailloux.

Dufourmantelle, petite rue de Beauvais.

JOURNAUX PUBLIÉS A AMIENS.

L'*Ami de l'Ordre*, feuille politique, paraissant six fois par semaine. Imprimeur : Eugène Yvert, rue Sire-Firmin-Leroux.

Le *Mémorial de la Somme*, feuille politique, paraissant six fois par semaine. Imprimeur : Challier, rue des Jeunes-Mâtins.

Le *Publicateur de la Somme*, journal d'annonces, littéraire, commerciale et agricole, paraissant tous les

A AMIENS.

samedis. Imprimeurs : Caron et Lambert, place du Grand-Marché.

Le *Commerce de la Somme*, annales de la ville d'Amiens, nouvelles locales, agriculture, commerce, littérature, beaux-arts, annonces et avis divers, paraissant tous les dimanches. Imprimeur : Alfred Caron, rue des Trois-Cailloux.

L'*Étoile de la Somme*, journal d'annonces, paraissant tous les dimanches. Imprimeur : Lenoel-Hérouart, rue des Rabuissons.

RECETTE GÉNÉRALE.

M. Lemercier de Nerville ✻, Receveur-Général, rue des Jacobins, 5.

Les Bureaux sont ouverts tous les jours, de neuf heures à trois heures, les dimanches exceptés.

BANQUIERS.

MM. Barbier-Lequien, rue du Bloc, 3.
    Ledieu, rue du Cloître-de-l'Horloge.
    Deforceville, Degove et Poulain, rue des Lombards.
    Denis-Gallet, petite rue Saint-Remi, 1.
    Grimaux et Dufétel, rue des Jeunes-Mâtins, 6.
    Lefeuvre frères, rue Saint-Leu, 10.
    Ern. Mallet et compagnie, rue basse Saint-Martin.
    Alexandre et compagnie, rue basse Notre-Dame.
    Le Bouffy et compagnie, rue des Orfèvres.
    Succursale de la Banque de France, rue Henri IV.

CHANGEURS.

MM. Bethouart, rue Delambre, 11.
    Desmarquest, rue des Vergeaux, 9.

MM. Machart (Veuve), rue des Sergents, 10.
Stiévenart sœurs, rue des Orfévres.

LIBRAIRES.

MM. Caron et Lambert, Marché-aux-Herbes, 1.
Alfred Caron, rue des Trois-Cailloux, 44.
Godard-Lequien, rue des Vergeaux.
Prévost-Allo, rue des Verts-Aulnois, 5.
Lenoel-Hérouart, rue des Rabuissons, 10.
Niquet, rue des Trois-Cailloux.
Wallon-Desmaret, rue des Trois-Cailloux, 8.
Renaut, place Saint-Denis.
Dufétel, rue des Trois-Cailloux.
Boulanger, place Périgord.
Beauvais, rue des Verts-Aulnois.
Lamon-Mercier, place Périgord.

Mlle Hourdelle, Passage de la Renaissance.

INDICATION

DES PRINCIPAUX MONUMENTS, ÉTABLISSEMENTS PUBLICS ET PARTICULIERS

QUI N'EXISTENT PLUS A AMIENS.

Abbaye de Notre-Dame de Paraclet (ordre de Cîteaux), célèbre communauté de filles, était dans la rue des Jacobins, vis-à-vis le passage de la Comédie. Les religieuses portaient, comme les chanoines, le surplis et l'aumusse.

Abbaye de Saint-Acheul, à deux kilomètres environ de la ville, n'était qu'un prieuré en 1085. Elle devint dans la suite très-célèbre.

Abbaye de Saint-Jean d'Amiens (ordre des Prémontrés). Les religieux de cette abbaye demeurèrent d'abord près la ferme de Saint-Roch. Leur monastère ayant été détruit en 1597, par les Espagnols, ils vinrent s'établir rue des Lirots, dans le local actuel du Lycée Impérial.

Abbaye de Saint-Martin aux Jumeaux, placée près de l'ancienne porte aux Jumeaux, et qui n'était dans l'origine qu'une modeste chapelle élevée par quelques filles pieuses en l'honneur de Saint-Martin, devint plus tard un prieuré; mais ne fut érigée en Abbaye qu'en 1145. Des religieux de l'ordre de Sainte-Geneviève l'occupèrent jusqu'en 1634. Les Célestins en prirent alors possession, et la firent abattre en 1725, pour y construire leur église.

BAILLIAGE (le). Les bâtiments occupés aujourd'hui par le Musée et l'Ecole communale de dessin, se voient encore place de la Mairie, 3. Ils auraient, dit-on, succédé à la Male Maison (*Mallum publicum*), où, dans les huitième et neuvième siècles, se tenaient les plaids locaux de la province.

BARBACANE, ouverture longue et étroite, pratiquée sous la grève du port d'Aval, pour l'écoulement des immondices de la ville, à l'endroit même où la rivière d'Avre, venant du château d'eau, se jette dans la Somme. Rien de plus pittoresque que l'aspect des deux tours qui la surmontaient jadis.

BARGE (la) était le siége de la juridiction du chapitre de la Cathédrale. Le nom en est resté à la rue que l'on perça sur son emplacement.

CHATEAU D'AMIENS (ancien). Il était de construction romaine, et l'on pense que Jules César l'avait fait construire. Les empereurs l'habitèrent pendant leur séjour à Amiens. Il passait pour une des meilleures forteresses de l'Europe, avant que l'on ne changeât le système de fortification. On présume qu'il s'étendait de l'ancien Bailliage à la rue des Vergeaux.

CHATEAU (petit), nommé aussi le *Chatelet*, et détruit vers 1300, était placé dans la rue des Vergeaux. Vis-à-vis se développait une esplanade appelée *le Verguier*, d'où il est probable que la rue a tiré son nom. Il existait encore un Châtelet, rue des Sergents; ce dernier fut abattu un siècle après le précédent.

CHAPELLES DE SAINT-DIDIER ET DE SAINT-VALERY, étaient toutes deux situées dans la rue Neuve.

CHAPELLE DE NOTRE-DAME DE BON-SECOURS, dans l'ancien cimetière de Saint-Denis, était célèbre par une image miraculeuse de la Vierge.

CHAPELLE DE SAINT-MONTAN, MONTAIN OU MONTAING, figurait près du chemin actuel d'Amiens à Vignacourt.

CHAPELLE DE SAINT-QUENTIN, bâtie à l'endroit où ce Saint fut emprisonné, se voyait sur la place Saint-Martin.

CHAPELLE DE SAINTE-ULPHE, bâtie, dit-on, par cette Sainte elle-même, se voyait à l'extrémité de la rue des Vergeaux.

CLOITRES (les) de la Barge, de l'Horloge et de Saint-Nicolas, servaient de demeure aux chanoines de la Cathédrale.

COLLÉGE (l'ancien), rue de son nom et rue des Jacobins, fermé à l'époque de la révolution, a été transformé en séminaire diocésain ; ensuite (1817) en caserne d'infanterie.

COMMUNAUTÉS RELIGIEUSES, COUVENTS D'HOMMES ET DE FEMMES.

COMMUNAUTÉS D'HOMMES.

AUGUSTINS (les), confirmés vers 1250 en qualité de religieux mendiants, avaient leur couvent dans la rue de leur nom.

CARMES DÉCHAUSSÉS (les) demeuraient rue Gresset, autrefois rue des Carmes et des Fossés-Saint-Méry. Le passage Lenoël a été élevé sur l'emplacement de leur maison.

CAPUCINS (les) occupaient, dans la rue de ce nom, un vaste établissement. On voyait encore, il y a quelque temps, des restes de leur église, dans la maison qui porte le n° 39. Au milieu de l'ancien jardin de ces moines, on a percé la rue Neuve-des-Capucins.

Célestins (les), dont l'établissement à Amiens datait du quatorzième siècle, demeurèrent d'abord près de la porte de Saint-Firmin, puis à côté de celle de Saint-Pierre. Lors de la construction de la citadelle, ils furent obligés de quitter leur couvent; mais on leur donna, à titre de dédommagement, l'abbaye de *Saint-Martin-aux-Jumeaux*, qu'ils réédifièrent, et où ils se maintinrent jusqu'à l'époque de la suppression de leur ordre. La rue qui va du Cloître de la Barge à la rue Saint-Denis a été percé à travers les ruines de leur église, et, dans les anciens bâtiments de leur monastère, on a établi le chef-lieu de la cour impériale et le tribunal civil de l'arrondissement d'Amiens.

Cordeliers (les). Leur établissement date du milieu du treizième siècle. Ils occupaient un terrain très-étendu derrière l'église actuelle de Saint-Remi, qui était l'église de leur couvent.

Dominicains (les), rue Saint-Dominique, avaient une église spacieuse et enseignaient la théologie.

Feuillants (les) avaient une maison dont les cloîtres étaient voûtés d'une façon toute particulière. Elle sert au dépôt des archives départementales, et à la tenue des assemblées électorales.

Jacobins (les) demeuraient rue de leur nom, dans la maison occupée par M. de Franqueville, vis-à-vis la caserne d'infanterie.

Minimes (les), établis à Amiens vers 1482, demeuraient place de leur nom. Leur couvent est converti en une belle manufacture.

Oratoriens (les), prêtres chargés par l'évêque de faire des missions dans le diocèse, s'établirent à Amiens en 1624, et s'y maintinrent jusqu'au milieu du siècle dernier. Leur église, bâtie en 1687, appartient aujourd'hui aux Dames du Sacré-Cœur.

COMMUNAUTÉS DE FEMMES.

Béguines (les) étaient des filles et des femmes veuves vivant en communauté, sans se lier par aucune espèce de vœux. A l'époque de leur suppression, leur maison devint la propriété du corps de ville, qui la posséda longtemps sous le nom de *Béguinage;* elle était placée dans la rue Tourne-Coiffe.

Carmélites (les), établies à Amiens en 1606, furent placées d'abord chaussée Saint-Leu, puis au haut de la rue Saint-Jacques, et ensuite vis-à-vis l'hôtel de Cérisy, même rue. Depuis longtemps, elles occupent une maison rue de la Porte-Paris, où elles ont fait construire une chapelle.

Clarisses (les). Le monastère de ces religieuses était situé chaussée Saint-Leu, presque vis-à-vis l'église Saint-Sulpice. Il a été converti de nos jours en une filature de lin, et postérieurement en imprimerie sur étoffes. Parmi les premières abbesses, on compte plusieurs princesses issues d'un sang royal. Quelques religieuses Clarisses ont fondé, depuis 1815, un nouvel établissement situé rue du Loup, 36.

Filles de la Visitation de Sainte-Marie (les) paraissent à Amiens en 1640, rue des Rabuissons. Leur monastère fut démoli en 1823, lorsque l'on forma la rue appelée de leur nom : *rue des Saintes-Maries.* Un petit nombre de *Visitandines* ont relevé leur communauté, qu'elles établirent d'abord rue des Jacobins, et qui a été transférée dans l'ancienne maison des Carmélites, rue Saint-Jacques.

Maureaucourt (les Religieuses de), ordre de saint Benoît, occupaient depuis 1148 le prieuré de Notre-Dame de Maureaucourt, situé sur la Somme, près du village de l'Étoile. La guerre qui s'alluma en 1635 entre la France et l'Espagne, fit juger à ces religieuses qu'elles allaient être exposées à l'insolence des soldats des deux partis. C'est pourquoi elles vinrent s'établir à Amiens, dans la rue des Rabuissons, à l'endroit où s'éleva, en 1823, la bibliothèque communale.

Pénitentes (les Filles), dites *Repenties*, ou autrement *Sœurs-Blanches*. Leur maison, destinée à préserver les personnes du sexe de la contagion du vice et à leur offrir un refuge en cas de faiblesse, se trouvait d'abord dans la chaussée Saint-Leu, et en dernier lieu rue des Capucins, où elles avaient été transférées en 1655.

Providence (les Filles de la), ou *Filles de Sainte-Geneviève*, s'établirent à Amiens vers 1688. Le bâtiment principal de leur monastère fut commencé en 1693, et l'église bénite en 1702. Ce couvent a été, lors de la fermeture des maisons religieuses, converti en une habitation particulière.

Sœurs-Grises (les) ou *Filles de Sainte-Élisabeth*, s'établirent en 1382. La maison fut rebâtie en 1618. Leur nom est resté à la rue dans laquelle elles demeuraient.

Saint-Julien (les Filles de), qui vinrent se réfugier à Amiens, après la destruction de la ville de Thérouanne par Charles-Quint, avaient leur couvent chaussée Saintvue prise du Pont-Neuf, près la rue des Majots — Page 63.

Leu. Il était depuis longtemps démoli, lorsque, sur une partie de son emplacement, on construisit, en 1754; une fontaine qui conserva le nom de Saint-Julien.

Ursulines (les) s'introduisirent à Amiens vers 1619. Leur monastère, qui avait remplacé l'hôtel de Crèvecœur, était un des plus vastes et des plus beaux de France. Converti en maison d'arrêt en 1793, il devint plus tard un hôpital d'ambulance, et enfin un magasin dépendant de la caserne de gendarmerie. Dans le cours de 1817, quelques anciennes religieuses achetèrent une faible portion de l'ancien emplacement, pour y relever leur institution, et s'établirent rue Saint-Dominique.

ÉGLISES PAROISSIALES ET COLLÉGIALES.

Saint-Firmin-en-Castillon, très-ancienne collégiale, bâtie, dit-on, sous l'épiscopat de saint Geoffroy, pour consacrer la mémoire du martyre de Saint-Firmin, fut démolie vers 1805. Construite sur l'emplacement de l'ancien château, comme le faisait assez connaître sa dénomination, elle occupait une grande partie de l'espace qui forme la place de la Mairie.

Saint-Firmin-le-Confesseur. Cette collégiale existait avant la construction de Notre-Dame; c'était l'église paroissiale la plus ancienne de la ville. Elle fut, en 1236, transférée dans la rue de son nom, parce qu'il fallait qu'elle *cédât sa place à la cathédrale* qu'on bâtissait alors. Les travaux se firent lentement. Le chœur seul était achevé en 1247 : le grand portail et les ailes du chœur ne furent même terminés qu'en 1474. Cette église, qui formait un assez joli vaisseau gothique, disparut en 1795.

Saint-Firmin-a-la-Porte, a-la-Pierre ou au-Val. Ce n'était dans l'origine qu'un simple prieuré bâti, en 1106, près de la porte de la ville, sur le penchant de la vallée de l'ouest, par Adelme ou Adelesme, fils d'Adam, châtelain d'Amiens. L'église fut construite en 1117. Devenue la proie des flammes au commencement du XIIIe siècle, on la réédifia et on y joignit un cimetière. Brûlée une seconde fois dans le XVe siècle, et reconstruite en 1476, elle fut abattue après la tourmente révolutionnaire. — Dans un caveau voisin subsistaient, dit-on, une fontaine et un puits auxquels on attribuait des propriétés miraculeuses. — Cette église était située sur le terrain qu'occupe la place qui lui a emprunté son nom de Saint-Firmin-à-la-Pierre.

Saint-Nicolas, église collégiale, remarquable par son architecture *lombarde* et construite dans le XIe siècle par les soins de Dreux, évêque de Thérouanne, figurait cloître de son nom. Vendue en 1781 à un entrepreneur, elle fut jetée bas parce qu'elle menaçait ruine, et son emplacement devint un magasin de bois. Philippe-Auguste y épousa, en 1193, Ingelburge, dont il se sépara dès le lendemain des noces, mais qu'il reprit dans la suite.

Saint-Martin. Cette église, située grande rue de Beauvais, et dont la première pierre avait été posée en 1753 par le vénérable évêque De la Motte, occupait, ainsi que l'abbaye de ce nom, l'emplacement de l'ancien hôtel des douze Pairs de France, aujourd'hui *Hospice des Incurables.*

Saint-Martin-aux-Waides ou au-Bourg. Elle avait été construite sur l'emplacement d'une hôtellerie dans laquelle la tradition dit que saint Martin reposait lorsque Jésus-Christ lui apparut couvert de la moitié du manteau que le pieux guerrier avait donné à un pauvre en entrant à Amiens, vers l'an 337 de notre ère. L'église Saint-Martin avait peu d'étendue dans l'origine, mais elle fut agrandie dans le XV⁰ siècle avec le produit des offrandes que les marchands de la ville avaient coutume de faire à Saint-Martin : de là son nom de *Saint-Martin-aux-Waides*. Elle fut vendue, à l'époque de la révolution, et démolie quelques années plus tard, pour agrandir la place de son nom, située à peu près au centre d'Amiens.

Saint-Michel (église paroissiale de) se voyait à l'endroit qu'occupe aujourd'hui la place du même nom. A l'époque de sa construction, qui remonte à 1240, elle n'était pas comprise dans l'enceinte de la ville, et se trouvait en dehors de la porte de Larquet. Une statue en pierre de l'archange Michel décorait le maître-autel. Elle passait pour un morceau très-remarquable.

Saint-Sulpice, église paroissiale, primitivement placée sur le terrain de nos jours occupé par l'esplanade de la citadelle, fut transférée, lors de la construction de cette forteresse (1598), dans le local de l'ancien hôpital de Saint-Jacques. Elle a été convertie en un magasin.

École des Orphelins ou École des Enfants-Bleus, fondée en 1628, dans la rue Neuve, par Guillain Lucas, chanoine de la cathédrale, en faveur des pauvres orphelins de la ville. Il fallait, pour être admis, qu'ils fussent nés de légitime mariage et dans la foi catholique. Leur nom d'*Enfants-Bleus* était dû à la couleur de leur bonnet et de leur robe. On les gardait douze ans dans la maison, dont les bâtiments étaient très-simples, et sur le frontispice de laquelle on lisait ces mots de l'Écriture :

ORPHANO TU ERIS ADJUTOR.

GRANDES-ÉCOLES, maison de Saint-Nicolas aux pauvres clercs, bâtiment construit en 1361, rue du Collége, des libéralités de Guillaume-le-Barbier, chanoine de Notre-Dame. C'était le lieu où allait étudier la jeunesse amiénoise avant l'établissement de *l'ancien collége*, qui fut à son tour remplacé par les casernes d'infanterie.

ESPLANADE DE MÉROVÉE. C'était un vaste terrain aux environs de la rue des Vergeaux, et autour duquel Mérovée fut, dit-on, promené sur le pavois lors de son élection comme roi des Francs en 447.

FABRIQUE D'ARMES, existait, du temps des Romains, derrière l'Hôtel-Dieu actuel. On l'appelait *Spataria* et *Scutaria*, du nom des armes qu'on y forgeait. Ces armes se faisaient en partie par le secours des moulins à l'eau. Le Moulin-Taille-Fer (*Molendinum inciduens ferrum*), dans la rue de ce nom, était une des dépendances de cet établissement.

FERME DE SAINT-ROCH, était contigüe au faubourg de la Hotoie, vis-à-vis le bastion de Guyencourt et appartenait aux Prémontrés.

FONTAINE DES RABUISSONS. C'était la plus remarquable de toutes nos fontaines, par sa construction. Elle était placée contre le rempart, à l'endroit jadis occupé par une porte du même nom et vis-à-vis la rue des Rabuissons. Une naïade en demi-relief, représentant la nymphe de la Somme, laissait échapper de son urne, sur des grés amassés en forme de rocher, une eau qui ne remplissait pas toujours le large bassin qui les entourait. De chaque côté du monument étaient deux becs en cuivre, auxquels les habitants du quartier pouvaient souvent aussi demander un plus abondant tribut. Cette fontaine fut abattue en 1830.

Fosse-Ferneuse (*Fover ardens*), dans le grand faubourg de Noyon, sur le côté droit de la route et à peu de distance de Saint-Acheul, était un endroit où, suivant d'anciennes légendes, on brûlait les *ladres* et les *hérétiques*.

Hoquet (le), *Hoketum vel Hoketa*, ancien quartier d'Amiens, où l'on voyait autrefois, sur la petite rivière d'Avre, qui le longe tout entier, des moulins soumis à la juridiction de l'évêché. Les meuniers étaient tenus de fournir à l'évêque, le jour des Cendres, *cinquante anguilles* et *cinquante bourdelles de la valeur d'environ vingt-cinq sols*.

HOPITAUX.

Hôpital de Saint-Jacques. Cet établissement, détruit depuis de longues années, était situé presque en face du quatrième pont de la ville, en entrant par la porte Saint-Pierre.

Hôpital de Saint-Jean de Jérusalem, se voyait près de l'église de Saint-Michel.

Hôpital de Saint-Julien, transformé plus tard en un couvent de religieuses du même nom, paraît avoir été le plus ancien des hôpitaux de la ville.

Hospice de Saint-Ladre ou de Saint-Lazare. Le nom du fondateur est ignoré. Dans les XII° et XIII° siècles on y recevait les bourgeois atteints de la lèpre. Les plus malades étaient confinés dans des cellules, d'où il leur était défendu de sortir sans s'être munis d'un instrument de bois dont le bruit écartait ceux qu'ils pouvaient rencontrer.

Hôpital de Saint-Nicolas-en-Coquerel, exista jusqu'à 1382, année pendant laquelle on le concéda aux Sœurs-Grises, pour en faire le siége de leur communauté.

Hôpital de Saint-Quentin, sur la place Saint-Martin-au-Bourg. On y recevait dès le IXe siècle les voyageurs malades.

Hôpital de Saint-Pierre, fondé dans le XIVe siècle, et abattu lors de la construction de la citadelle, était placé entre la porte de ce nom et le pont des Célestins.

HOTELS.

Hôtel des Cloquiers, était à côté de l'église paroissiale de Saint-Martin. Les mayeurs l'achetèrent en 1316, lorsqu'ils quittèrent l'ancien Hôtel-de-Ville : ils y tinrent leurs archives jusqu'en 1595, époque de sa démolition. Il était surmonté de deux petits clochers, dont l'un servait à indiquer l'heure des *plaids*.

Hôtel du Gard, près de la porte Saint-Firmin-à-la-Pierre. Il servait, en temps de guerre, de lieu de refuge aux religieux de l'abbaye du Gard. Des sculptures en bois, dont une charmante lithographie a reproduit l'aspect, en décoraient la façade. Philippe de Valois y logea, à son passage à Amiens, après la malheureuse affaire de Crécy en 1346.

Hôtel-de-Ville (ancien). Il fut construit à l'époque où les mayeurs et échevins cédèrent au bailli la Male-

Maison pour y tenir ses audiences. On voit encore, dans la rue de Ville, quelques misérables vestiges de cet édifice. L'échevinage y siégea jusqu'au XIVe siècle, alors que le chef-lieu de la commune fut transféré à l'*Hôtel des Cloquiers*.

JARDINS DES COMPAGNIES PRIVILÉGIÉES DE MILICE BOURGEOISE. Les principales de ces compagnies étaient, à Amiens, celles des *Archers*, des *Canonniers*, des *Arbalétriers*, des *Arquebusiers*. Elles se réunissaient à des jours marqués, dans un jardin spécial, pour s'exercer au maniement de l'arme qui leur était propre.

Le *Jardin des Archers* était situé dans la rue de ce nom; celui des *Canonniers*, dans la rue des Rabuissons; celui des *Arbalétriers*, dans la rue des Cordeliers; celui des *Arquebusiers*, appelé par le peuple le *Jardin de la Diablesse*, dans la rue de Beauvais.

MAIL (le), promenade très-agréable, plantée en 1703, détruite en 1834. Elle suivait l'ancien rempart depuis la porte de Paris jusqu'à la fontaine des Rabuissons. Son étendue était de 400 mètres.

MONNAIE (Hôtel de la), établi en 1577, en vertu des lettres-patentes de Henri III, était situé rue Gresset, n° 15. La marque des pièces que l'on y frappait était la lettre X.

PIERRE SAINT-FIRMIN. Sous l'épiscopat de saint Geoffroy (de 1104 à 1116), on portait processionnellement la châsse de saint Firmin le martyr, et déjà on allait franchir la porte de la ville, lorsque tout-à-coup les reliques du Patron du diocèse s'appesantirent au point qu'il fut impossible de les transporter plus loin, ce qui obligea de les reporter à la Cathédrale. Pour perpétuer le souvenir de cette miraculeuse aventure, on plaça à l'endroit où elle avait eu lieu, une pierre que l'on décora du nom du Saint, et sur laquelle on en reposait la châsse lors des processions générales.

Pilori (le). C'était une tour hexagone, sans calotte, de 3 à 4 mètres de hauteur. Elle était située sur le Marché-aux-Herbes et avait été construite aux frais d'un gentilhomme qui, assistant à l'exécution d'un de ses amis, manqué par le bourreau, avait porté à ce dernier un coup d'épée à la gorge. La sentence fut gravée sur le monument; mais plus tard un mayeur, parent du gentilhomme, pour en effacer le souvenir, la fit masquer en élevant à chaque face une loge qui servit d'échoppe à des particuliers.

Place Saint-Firmin-en-Castillon, la première, mentionnée dans les chartes municipales, a été remplacée par celle de la Mairie.

Nota. Quelques autres petites places ont cessé aussi d'exister, ou ne sont plus connues par leurs anciens noms. Ce sont celles des *Grands-Maiseaux*, *Gordesle*, de *Glatigny*, *la Placette* et le *Marché aux Bêtes*.

PORTES.

Portes des Arts ou des Briques, était placée dans la rue du Hocquet, vis-à-vis le pont des Augustins; une tour triangulaire, de 7 mètres sur chaque face, la défendait. Elle subsistait en 1324, et fut détruite en 1712.

Porte de Beauvais, remplacée par la barrière de ce nom. C'était l'une des principales de la ville. Flanquée de deux grosses tours avec un pont-levis, elle avait été reconstruite en 1553, sur l'emplacement de celle de 1347. Son pont-levis fut supprimé en 1696, et elle-même fut abattue à la fin du siècle dernier.

Porte des Célestins (Fausse), ouverte dans un mur contre le cloître de la Barge, existait en 1209. L'objet de sa construction avait été de clore les cloîtres où habitaient les chanoines de la Cathédrale et ceux de la collégiale de Saint-Nicolas.

Porte Clypéenne, démolie en 1349, se trouvait à l'entrée de la ville où est aujourd'hui le grand pont du canal.

Porte aux Fagots, était située près du pont dit *à Cornailles*, et servait de limite lors du deuxième agrandissement.

Porte du Gayant ou du Géant, connue aussi sous les noms de *Porte de Duriame* et de *Saint-Maurice*, était placée précisément à l'endroit où se trouve aujourd'hui le bassin du canal, et formait le dernier angle du boulevard de la citadelle du côté de la ville. Elle avait été murée dès le mois d'octobre 1407. En la démolissant, on trouva sous terre une tour ancienne, des ossements et quelques médailles.

Porte du Grand-Pont, l'une des plus anciennes, se voyait au bout de la chaussée Saint-Pierre. Elle remontait au VIIIe siècle, et fut démolie vers l'an 1484.

Porte de la Hotoie, pratiquée à l'époque de l'agrandissement de 1347, ouvrait sur le faubourg de son nom. Elle n'avait rien de remarquable et disparut lors de la démolition des remparts.

PORTE AUX JUMEAUX (la), dont l'existence remontait au temps des Romains, s'ouvrait sur la grande route qu'Agrippa, favori de l'empereur Auguste, avait fait tracer pour aller de Boulogne à Lyon par Amiens, Soissons, Beauvais, etc. Son nom lui venait des figures de Romulus et de Rémus allaités par une louve, représentées sur son fronton : emblême national, dont le peuple-roi ne manqua jamais de décorer les monuments qu'il élevait en pays conquis. L'emplacement de cette porte antique fut occupé d'abord par l'abbaye de Saint-Martin-aux-Jumeaux, et plus tard par le couvent des Célestins.

PORTE DE LARQUET, était placée entre la Cathédrale et la place Saint-Michel. On la rétablit en 1458. Elle était, à ce qu'il paraît, dans l'origine, à la disposition exclusive de l'évêque, puisqu'en 1464, intervint un accord entre la ville et le prélat, décidant qu'on la laisserait ouverte désormais pour la commodité du public.

PORTE DE LONGUE-MAISIÈRE, autrement DE LONGUE-MURAILLE, dont le pont-levis fut supprimé en 1482, et qui fut détruite en 1486, était placée à l'entrée de la place Périgord.

PORTE DE MONTRE-ECU, placée à l'endroit qu'occupe actuellement la chapelle de la citadelle, avait reçu ce nom parce que son fronton était décoré des armes et du chiffre de François Ier, qui la rétablit en 1531. C'est par cette porte, devenue historique, que les Espagnols entrèrent dans Amiens, en 1597, lors de la malheureuse surprise de cette ville; mais ce fut aussi près de cette même porte qu'Hernand-Teillo, leur commandant, fut tué d'un coup de mousquet au moment où il examinait les positions de l'armée française, qui ne tarda pas à reprendre la place. Il paraîtrait qu'une porte du même nom aurait existé antérieurement à la précédente sur le même emplacement.

Porte de Noyon, était de l'époque du dernier agrandissement (1475). Le pont jeté sur le fossé qu'elle défendait, n'était qu'en bois en 1584; il fut depuis en briques, assis sur plusieurs arches et bien travaillé. En 1636, on fit à cette porte des travaux considérables : on la garnit de demi-lunes. Elle disparut dans les premières années du IXe siècle.

Porte de Paris, située autrefois au bout de la rue de ce nom. Son aspect extérieur avait quelque chose d'imposant. Construite en 1531, fortifiée en 1592, fermée en 1607, à cause de sa trop grande proximité de celles de Noyon et de Beauvais, détruite en 1826; elle servit tour-à-tour de prison, de magasin à poudre et de dépôt de mendicité.

Porte des Rabuissons, au bout de l'ancienne rue de ce nom. Elle avait été ménagée dans les remparts lors de la troisième enceinte d'Amiens, en 1347.

Porte de Saint-Denis, supprimée en 1486, était placée entre la rue de ce nom et l'ancien cimetière.

Porte de Saint-Firmin-au-Val ou a-la-Pierre, existait en 1107 : située près de l'ancienne église de ce nom, elle fut abattue en 1489.

Porte de Saint-Michel, existait en 1315. Murée en 1412, elle fut supprimée en 1486. Elle était située au carrefour de la rue Neuve et des Pères de l'Oratoire.

Porte de Saint-Pierre. Il y eut deux portes de ce nom; la première, ouverte dès 1346, murée en 1412; la seconde, construite en même temps que la citadelle (1598), fut détruite en 1831.

Porte de la Voirie, elle tenait à l'ancienne tour de la Barette, et mettait le quartier qu'elle avoisinait en communication avec la Voirie, où l'on ne parvenait autrefois qu'au moyen d'un bac. Elle fut ouverte pendant la révolution : on descendait du rempart dans cette porte, qui fut démolie en 1821.

Prévôté. L'édifice où siégeait cette juridiction qui avait remplacé la justice des vicomtes, se trouvait près de l'Oratoire en 1525 : on l'a démoli à la fin du XVIIe siècle.

Prieuré de Saint-Denis-des-Prés (*Sanctus Dionysius in pratis*), se voyait, avant 1789, à l'endroit qu'occupe aujourd'hui la fontaine de la place Saint-Denis, près la rue du Collége. Ce monastère, dont on a mal à propos attribué la fondation en 985, à un vicomte d'Amiens, du nom de Roricon, n'a été construit qu'en 1085, par les soins d'un prêtre de l'église d'Amiens, nommé Ingustion. Il se trouvait alors hors de la ville et situé au milieu de prairies d'où lui était venu son nom : il ne fut renfermé dans la cité que vers la fin du XVe siècle.

Prison du temps des Romains, existait à l'endroit qu'occupe aujourd'hui la maison n° 4, place Saint-Martin. Saint Quentin, apôtre du Vermandois, y fut enfermé en 287, et, dans le XVe siècle, on bâtit au-dessus une chapelle dédiée à ce confesseur de la foi.

Salle du Concert, construite en 1752, sur un terrain cédé par le gouverneur de Picardie à une société d'amateurs, près de l'emplacement de la salle de spectacle. Depuis le commencement de ce siècle, la salle de concert a cessé d'exister.

Salle de Spectacle (ancienne). Avant la salle actuelle, une salle de spectacle avait été construite en 1749, rue des Verts-Aulnois, sur l'emplacement d'un jeu de paume qui existait vers le milieu de cette rue. Elle fut incendiée et remplacée, en 1779, par celle de la rue des Trois-Cailloux.

Templiers (les) avaient, à ce que l'on croit, une maison à Amiens, rue Tappe-Plomb, pour cela appelée autrefois rue du Temple.

TOURS.

Tour du Gard ou aux Coulons, se voyait encore en 1825, dans la cour de la maison n° 29, rue des Trois-Cailloux. Elle avait été élevée en 1419, et flanquait l'ancien rempart avant l'agrandissement de la ville, opéré dans le XVe siècle. On lisait sur une de ses faces :

« Cette tour a été faite des biens de Misielle
» Isabeau du Gard, qui fut femme de
» Sire Jacques d'Embremeu, en l'an mil IIIIe XIX. »

Tour du Géant (la), qui fut découverte en démolissant la porte de ce nom, existait du temps des Romains, comme le prouvent assez les antiquités que l'on y trouva en exécutant des fouilles.

Tour de la Haye ou de la Barette, construite en 1350, défendait l'ancienne porte de la Voirie. Elle était très-forte et recouverte en grès de toutes parts : on l'a démolie au commencement de ce siècle et on s'est servi d'une partie des matériaux pour construire, en 1834, le pont de la Barette.

Tour de Jérusalem, située dans la rue haute Notre-Dame, bâtie en 1444, démolie en 1675.

Tour du Pont Saint-Michel, bâtie en 1449, défendait l'entrée de la ville en aval de la rivière. On y avait établi un droit de péage pour les bâteaux qui remontaient le Quai. Le revenu annuel s'élevait, en monnaie du temps, à 1055 livres 13 s. 4 d.

Tour de la Tournelle, située près du Quai, existait en 1291. L'époque de sa démolition est inconnue.

Voie Romaine. Elle fut achevée 17 ans avant Jésus-Christ. Cette voie romaine n'était pas directe dans toute sa longueur. Elle était alignée d'une ville à l'autre, et formait, dans sa totalité, un grand nombre d'angles, pour joindre les grandes villes. Par exemple, une branche allait d'Amiens à Beauvais, une autre d'Amiens à Soissons, par Noyon.

PETITE REVUE BIOGRAPHIQUE.

PERSONNAGES CÉLÈBRES, SAVANTS, LITTÉRATEURS, ARTISTES, ETC.

NÉS A AMIENS.

4e Siècle après Jésus-Christ.

SAINT FIRMIN-LE-CONFESSEUR, 3e évêque d'Amiens, y naquit en 322, de Faustinien, l'un des magistrats de la ville, converti à la foi par saint Firmin-le-Martyr. Il établit le siége épiscopal à Saint-Acheul, gouverna saintement son église pendant 40 années, et mourut vers 407.

5e Siècle.

CHILDÉRIC Ier. Plusieurs auteurs le font naître à Amiens l'an 436. Il succéda en 457 à son père Mérovée. Amiens était alors le siége de la nouvelle monarchie des *Franks*. Il mourut (481) au retour d'une expédition contre les Allemands.

7e Siècle.

SAINT DOMICE, vertueux anachorète, est désigné par les anciens manuscrits et par les légendes comme le directeur spirituel de sainte Ulphe. On ne connaît point d'une manière précise l'époque de sa naissance ni celle de sa mort. Sa fête se célèbre le 22 octobre.

SAINTE ULPHE, née en 682, d'une famille opulente : elle renonça au monde pour vivre dans la retraite. La mémoire de cette vierge est restée en grande vénération dans le pays. Elle érigea un monastère dans les environs de la rue des Vergeaux.

10e Siècle.

GUY D'AMIENS, fils d'un comte de cette ville, monta en 973, sur le siége épiscopal de Soissons : il mourut en 995.

11e Siècle.

PIERRE L'HERMITE. Le cadre de notre revue ne nous permet pas d'entrer dans de grands détails sur cet homme étrange, qui remua son siècle. Il naquit en 1048, d'une noble famille d'Amiens, prit d'abord le parti des armes et épousa Béatrix de Roussy. Veuf au bout de trois ans d'union, il résolut d'embrasser la vie monastique et de visiter les Saints-Lieux. L'état déplorable des chrétiens de la Palestine le toucha vivement ; il fit un appel à la chrétienté contre les *infidèles*, et prêcha la *première croisade* en 1095. Avec son bâton de pèlerin, il alla conquérir la Terre-Sainte, à la tête des masses d'hommes et des nombreux chevaliers de toute nation qu'il avait entraînés sur ses pas, au cri magique alors de : *Dieu le veut !* Couronné, suivant l'expression du P. Daire, de quelques lauriers mêlés de cyprès, il mourut le 8 juillet 1115, à 62 ans.

RORICON, né, dit-on, à Amiens dans le 11e siècle, est auteur d'une chronique sur l'histoire de la Monarchie Française jusqu'à la mort de Clovis, imprimée dans le tome III, du Recueil des Historiens de France, par D. Bouquet.

12e Siècle.

HUGUES D'AMIENS, un des plus savants hommes de son siècle, promu en 1130 à l'archevêché de Rouen, fut l'ami de saint Bernard, de l'abbé Suger, etc. : il mourut en 1164.

Saint Félix de Valois, né à Amiens en 1127, fonda, avec saint Jean de Matha, gentilhomme provençal, l'ordre religieux de la Trinité, pour la délivrance des chrétiens captifs chez les infidèles. Il mourut en 1242, chargé d'années et de vertus, dans la solitude de Cerfroi.

Albert, instituteur de la règle des Carmes, né à Amiens dans le 12ᵉ siècle, fut d'abord prieur général du monastère de Sainte-Croix de Mortare, puis évêque de Bobio pendant vingt ans. Son éloquence et la sainteté de sa vie le firent élever à la dignité de *Patriarche de Jérusalem*. Il avait établi sa résidence à Acre, lorsqu'il y fut assassiné en 1214, au milieu d'une procession.

Thibaut d'Amiens, d'une extrême rigidité sur l'observance de la discipline ecclésiastique, parvint en 1222 au siége archiépiscopal de Rouen. Il mourut en 1229.

Arnoult, 47ᵉ évêque d'Amiens, naquit en cette ville à la fin du 12ᵉ siècle, comme le précédent. Il parvint, en 1236, au pontificat et s'est rendu célèbre par sa sentence contre le grand bailli Geoffroy de Milly, qui avait fait pendre, sans forme de procès, cinq clercs ou écoliers, et principalement par les constructions importantes exécutées à la Cathédrale pendant son épiscopat. Il mourut en 1247.

13ᵉ Siècle.

Eustache d'Amiens, né en 1203, composa un assez grand nombre de poésies, dont la licence et l'enjouement constituent le principal caractère.

Girardin d'Amiens, naquit en 1219. Suivant l'usage de l'époque, il proposait aux *Troubadours* ou *Trouvères*, ses collègues, des questions de galanterie et répondait avec facilité à celles qu'on lui soumettait.

RICHARD DE FOURNIVAL, né dans notre ville, écrivait en 1240. Ses ouvrages les plus importants sont : le *Roman d'Abladène*, sur l'origine d'Amiens; les *Commandements d'Amours* et le *Festiaire d'Amours*.

HUE-LI-MARONNIERS, autre trouvère, en vogue dans le même siècle, vivait en 1270. On le désignait sous le nom du Marinier d'Amiens, probablement à cause de sa profession.

RICQUIER D'AMIENS, poète licencieux, tombé dans un juste oubli, vivait avant 1300.

14e Siècle.

FIRMIN DE COQUEREL, né à Amiens d'une noble famille, évêque de Noyon (1348), chancelier de France sous Philippe VI, mourut en 1350. Ses armes parlantes se voient au milieu de la rose du grand portail de la Cathédrale.

JEAN-LE-JEUNE ou LE JOSNE, 61e évêque d'Amiens, y naquit en 1411, de Robert, 7e bailli de cette ville : il fut élevé au siége épiscopal d'Amiens en 1433, transféré à celui de Thérouanne en 1436, nommé cardinal en 1439, et mourut à Rome en 1451. C'était, à en croire le P. Daire, le plus riche des cardinaux de son temps.

15e Siècle.

BERTAULD (Jean), né vers 1414, mort en 1472, entra dans l'ordre des Célestins à l'âge de 16 ans. Prieur du monastère de Collemade près d'Aquilée en Italie, il rétablit la discipline dans la plupart des maisons de cette contrée devenue dès-lors pour lui une seconde patrie.

A la mort de l'abbé-général de l'ordre, il fut nommé pour lui succéder. Il sut mériter l'estime et la bienveillance des princes italiens, qui plusieurs fois le députèrent vers le roi de Sicile René d'Anjou, et vers les rois de France Charles VII et Louis XI.

Philippe de Morvillier, né à Amiens, ancien premier président du Parlement de Paris. Forcé en 1432, par les Anglais, maîtres de Paris, de renoncer à ses fonctions, il se retira dans sa patrie, et mourut en 1437. Il est auteur d'un ouvrage resté manuscrit, sur le *Gouvernement des choses publiques et économiques*, dédié à sa ville natale.

Catherine de Lice. C'est notre *Jeanne Hachette*. Elle sauva la ville d'une surprise, au moment où (1494) les soldats de l'empereur Maximilien escaladaient déjà les murailles du côté du faubourg de Saint-Pierre. S'avançant jusque dans les fossés, *Catherine de Lice* donna l'éveil à la sentinelle, en lui criant en patois picard : *Eh ! guet, prens garde à ti !* On parut en force sur les remparts et les Autrichiens furent repoussés.

Jean Destréez, auteur d'un assez grand nombre de *jeux poétiques* ou espèces de comédies connues sous le nom d'*épîtres farcies*, écrivait en 1472.

Dubois (Jacques) del Boê ou Sylvius, né à Amiens en 1478, mort à Paris en 1555. Les leçons données par ce célèbre médecin au collége de Cornouailles, attiraient un nombreux auditoire. Malheureusement on lui reproche autant d'avarice qu'il avait de savoir.

Drouin (Jean) a traduit l'*Histoire des trois Maries*, 1511, et la *Grant Nef des Folles*, « selon les cinq sens
» de nature, composée selon l'Évangile de Monseigneur
» S. Matthieu, des cinq vierges qui ne prindrent point

» *du'ylle* avec elles, pour mettre en leurs lampes avec
» plusieurs additions ajoutées par le translateur, 1583. »
On y voit figurer la Mère du genre humain qui convient
avoir été la *première et la plus grande* des Folles :

« Ce fut, *dit-elle*, quant la pomme je veiz,
» Dont je mengé, qui cher nous couste.
» Je puis dire, à mon advis,
» Tel a beaux yeulx, qui ne voit goutte. »

16ᵉ Siècle.

BAUHIN (Jean), né en 1505, cultiva avec distinction l'art d'Hippocrate et fut le médecin de la reine Catherine de Navarre. Ayant embrassé le calvinisme, il se vit forcé de passer en Allemagne, puis en Suisse, où il fut nommé en 1578 assesseur et doyen du collége de la faculté de médecine de Bâle ; il y mourut en 1582.

VASCOSAN (Michel), né à Amiens vers le commencement du 16ᵉ siècle, imprimeur dès 1530, publia des éditions recherchées comme très-correctes et dont lui-même corrigeait les épreuves. Il vécut sous François Iᵉʳ, Henri II, Charles IX, et mourut sous Henri III en 1576.

JUDAS (Jean), né à Amiens en 1510, nommé général de tout l'ordre des Minimes au chapitre tenu à Valence en Espagne, en 1562, mourut à Rome en 1577. Il y fut inhumé dans l'église du couvent de la Sainte-Trinité du Mont dont il était le supérieur.

DEMERLIÈRES (Jean), professeur de mathématiques au collége du Plessis, a publié en 1568, un traité sur l'*Usage de l'Instrument pour mesurer toutes les superficies en droite ligne*, tirée des éléments d'Euclide, etc.

RIOLAN (Jean), célèbre médecin, né à Amiens en 1539, fut une des gloires de l'Université de Paris. Ses œuvres forment un vol. in-folio. Il mourut en 1605, doyen de la Faculté de médecine. C'est le père de RIOLAN (Jean), anatomiste du premier ordre, médecin de Marie de Médicis, né en 1580.

DE MIRAULMONT (Pierre), né vers 1550, successivement lieutenant-général, grand prévôt de France, est connu par divers ouvrages, et entre autres, par des mémoires très-estimés sur l'*Origine et l'Institution des Cours souveraines et des Justices royales*, etc. On le trouva mort dans sa chambre (1611) et recouvert de son drap.

CHOQUET (Louis), versificateur abondant qui florissait vers le milieu de ce siècle, fit représenter un mystère sur la *création du monde*, et publia un poème intitulé le *Mystère de l'Apocalypse en Rythme*, qui ne contient pas moins de 9000 vers.

VISEUR (Robert), docteur en théologie, grand-vicaire du diocèse, né en 1555. Il possédait au plus haut point le talent de la controverse, et a composé beaucoup d'ouvrages de piété.

DE LOUVENCOURT (François), né à Amiens en 1569, y mourut en 1638. Il remplit les fonctions de conseiller du Roi, trésorier de France et général des finances en Picardie, cultiva les lettres avec succès, et fut l'ami du chanoine Adrien de La Morlière.

BLASSET (Nicolas), une des illustrations de notre cité, né en 1587, mort en 1659. On admire le fini, la beauté des formes de toutes les productions de cet artiste fameux, sculpteur et architecte du roi. Son chef-d'œuvre est l'*enfant pleureur*, dans l'église cathédrale.

LEFEBVRE DE CAUMARTIN (François), 76e évêque d'Amiens, y naquit en 1592, fut sacré en 1618, et mourut en 1652, après 37 années d'épiscopat. Il se rendit recommandable par sa vigilance toute pastorale. C'est le premier évêque de notre diocèse qui ait commencé à porter la croix pectorale.

DEMONS (Claude), né en 1591, mort en 1677. Il fut conseiller du roi, subdélégué de l'intendant : il a laissé un assez grand nombre de vers, dont quelques-uns, rares il est vrai, ne sont pas sans mérite. Le P. Daire l'a confondu avec J. Demons, sieur d'Hédicourt, son père, auteur de deux ouvrages très-bizarres de théologie mystique, publiés en 1594 et 1595.

CORNET (Nicolas), docteur en théologie de la faculté de Paris et grand-maître du collége de Navarre, né en 1592, mort en 1663, prit une part très-active aux querelles des jansénistes.

BAUDOUIN (Benoît), né avant 1597, fut d'abord principal du Collége de Troyes, puis Régent à celui d'Amiens, et, en dernier lieu, Maître de l'Hôtel-Dieu de cette ville. Il mourut en 1632. Il se fit connaître dans la république des lettres par la publication d'un *Traité sur la Chaussure des Anciens (Calceus antiquus et mysticus)*, plusieurs fois imprimé de 1615 à 1732, et par la *Traduction en vers français de dix tragédies de Sénèque*, Troyes, 1629.

VOITURE (Vincent), naquit à Amiens en 1598, dans une maison de la place du Marché-aux-Herbes, d'un père marchand de vins. On sait que Voiture, surnommé le *bel-esprit* du 17e siècle, jouit pendant sa vie d'une réputation littéraire que la publication posthume de ses œuvres a bien affaiblie. Il fut l'un des quarante de l'Académie Française, et, à sa mort arrivée en 1648, cette illustre compagnie porta son deuil, honneur que dans la suite elle ne décerna à aucun de ses membres.

Dufresne (Jean), seigneur de Préaulx, un des frères puînés de l'érudit Ducange, naquit à Amiens dans les dernières années du 16e siècle, exerça avec distinction la profession d'avocat, publia un *Commentaire sur la coutume d'Amiens*, et mourut en 1675.

D'Aguesseau (Antoine), aïeul du chancelier du même nom. On le fait naître à Amiens vers la fin du 16e siècle.

17e Siècle.

Boulanger (Jean), graveur, né en 1607, est regardé comme l'inventeur de la gravure au pointillé, genre bâtard dont souffrit longtemps l'école française.

Ducange (Charles Dufresne, seigneur), né à Amiens en 1610, fit d'excellentes études au collége de cette ville, fut reçu ensuite avocat au parlement de Paris, puis abandonna la carrière du barreau pour se livrer exclusivement à l'étude de l'histoire sacrée et profane, grecque, romaine et du moyen-âge. Son érudition était immense et les trésors en sont consignés dans de nombreux ouvrages dont le plus fameux est *le Glossaire*. Ducange mourut en 1688. On peut voir dans l'histoire littéraire du P. Daire la liste de ses ouvrages imprimés et manuscrits.

François (Claude), né en 1615, étudia la peinture sous Vouet et sous Le Brun. Pour accomplir un vœu, il entra à 26 ans dans l'ordre des Récollets, ce qui ne l'empêcha pas de cultiver son art de prédilection. Il mourut en 1685. Le tableau d'autel de la chapelle de Saint-Etienne, dans la Cathédrale, est de Claude François, plus connu sous le nom de frère Luc.

Rohault (Jacques), célèbre mathématicien et philosophe, disciple de Descartes, naquit en 1620, vis-à-vis l'église Saint-Germain, d'un père marchand de vins, comme celui de Voiture. On a de lui un *Traité de Physique*, 1071, le meilleur qui ait paru jusque-là; *Entretiens sur la Philosophie*, in-12. Ses œuvres posthumes, in-4°, ont été publiées en 1682. Il mourut à Paris en 1675, à l'âge de 55 ans.

Barré le P. (Nicolas), prédicateur et professeur en théologie, de l'ordre des Minimes, instituteur des Ecoles chrétiennes et charitables de l'enfant Jésus et des Sœurs de la Providence, né à Amiens en 1621, mourut en odeur de sainteté au couvent des Minimes de la Place Royale à Paris, le 31 mai 1686.

Varlet de la Grange (Charles), né à Amiens d'un riche procureur; entraîné par son goût pour l'art théâtral, alla à Paris en 1658, et débuta dans la troupe du Palais-Royal, où Molière fit de lui un excellent comédien. Varlet de la Grange le remplaça plus tard dans la direction de sa troupe et mourut en 1692.

Decamps (François), antiquaire et historien d'une prodigieuse fécondité, né à Amiens en 1643, mourut à Paris en 1723. La liste de ses ouvrages est indiquée dans l'Histoire du P. Daire, page 226.

Féjac (Jacques-Hyacinthe), prédicateur célèbre, né en 1647, mort en 1715. Il a fait imprimer plusieurs de ses panégyriques et oraisons funèbres.

De Villers Rousseville (Nicolas), auteur d'un assez grand nombre d'ouvrages imprimés et manuscrits sur l'histoire de la province de Picardie et du comté d'Amiens. Né en 1693, il est mort en 1726.

Lagache (Jean), né en 1660, mort en 1738. Il se fit un nom par ses ouvrages sur la mécanique. Il avait la manie de dépenser des sommes considérables à la *recherche de la pierre philosophale*.

Masclef (François), chanoine de la Cathédrale d'Amiens, fut chargé de la direction du Séminaire sous M. de Brou; mais soupçonné de jansénisme, il perdit cette place après la mort de ce prélat. Il était très-versé dans les langues orientales, et publia en 1716 une grammaire hébraïque, où, s'écartant des principes adoptés jusqu'à lui, il rejette les points des *Massorethes*, juifs du 9e ou 10e siècle. Cet ouvrage fit sensation dans le monde savant. On en doit encore deux autres au chanoine Masclef, les *Conférences ecclésiastiques du diocèse d'Amiens et le Catéchisme d'Amiens*. Il mourut en 1728, âgé de 63 ans.

Cressent, sculpteur habile, né dans le 17e siècle, mais à une époque qu'il ne nous a pas été possible de préciser. Parmi les ouvrages dus au ciseau de cet artiste, on cite de préférence, comme des morceaux très-remarquables, les *deux anges adorateurs*, autrefois placés dans le sanctuaire de la collégiale d'Abbeville, et le *Groupe de l'Assomption*, dans l'église de l'hôpital-général à Amiens.

Bouquet (Martin), plus connu sous le nom de D. Bouquet, né le 6 juin 1685, mort le 6 avril 1754. Bénédictin de la congrégation de saint Maur, d'une érudition profonde et d'une patience admirable, entreprit un des monuments historiques les plus importants que nous possédions : la *Collection des Historiens de France*. Il en composa 9 volumes remarquables par les précieux documents qu'ils renferment.

Decourt (Jean-Joseph), maire d'Amiens en 1656, mort en 1723. Il a composé les *Mémoires chronologiques et historiques* pour servir à l'histoire ecclésiastique et civile de la ville d'Amiens, MS., 2 vol. in-folio. On les conserve à la bibliothèque du Roi : ils seraient sans doute beaucoup mieux dans celle d'Amiens, où les amis de l'Histoire locale pourraient consulter les utiles indications qu'ils renferment au milieu de beaucoup de longueurs.

Planque (François), né en 1696, mort en 1765. Il se livra avec une ardeur infatigable à l'étude de la médecine, publia plusieurs ouvrages estimés : une *Bibliothèque choisie de Médecine*, 11 vol. in-4°, 1748, fruit de vingt années de travail ; une *Chirurgie complète*, 2 vol. in-12, livre encore apprécié de nos jours, etc.

18e Siècle.

Dupuis (Jean-Baptiste-Michel), sculpteur, membre de l'Académie d'Amiens, mort à Paris en 1780, plus qu'octogénaire. Notre belle basilique renferme un grand nombre de ses ouvrages, qui dénotent un véritable talent. Nous l'avons nommé en parlant de la chaire, de la gloire, de différentes chapelles et du tombeau de l'évêque Sabatier. Dupuis, pendant tout le cours de sa longue carrière, se fit chérir par l'aménité de ses mœurs, et respecter par ses vertus.

Petyst (Louis-Antoine), d'une famille connue dès 1221. Avocat au bailliage d'Amiens en 1729, maire en 1769. Jurisconsulte profond, littérateur instruit, il concourut puissamment à l'établissement de l'Académie d'Amiens, dont il fut membre.

Deligny (François), ex-jésuite, né à Amiens en 1709, mort en 1770, est auteur de l'*Evangile médité*, souvent réimprimé depuis son décès. Il y a une édition grand in-8°, avec de belles gravures.

Gresset (Jean-Baptiste-Louis), naquit en 1709, dans la rue qui porte son nom, de Jean-Baptiste Gresset, conseiller du roi, et de Catherine Rohault, descendante du célèbre physicien de ce nom. Elevé chez les jésuites, habiles à deviner le génie et à l'associer à leur ordre, il prit l'habit à l'âge de 16 ans. Dès les premiers temps de son noviciat, l'apparition du poème charmant de *Vert-Vert*, que de toutes parts on s'arrachait, lui attira l'improbation de ses supérieurs. Les contrariétés qu'on lui suscita à cette occasion, le dégoûtèrent de la vie religieuse : il y renonça pour obéir aux sentiments d'indépendance qui tourmentaient son cœur, il vint se fixer à Paris, où sa réputation l'avait précédé. Accueilli, encouragé par tous les hommes remarquables, arbitres suprêmes alors de notre littérature, il répondit dignement à son étonnant essai, et se plaça aussitôt au premier rang. On sait que successivement il publia une *Imitation des Eglogues de Virgile*, le *Carême impromptu* et le *Lutrin vivant*, joyeux frères du perroquet de Nevers; la *Chartreuse*, les *Ombres*, etc. Un penchant irrésistible l'entraînait vers le théâtre : il composa et fit représenter *Edouard III*, tragédie; *Sidney*, comédie, 1745; le *Méchant*, 1747, comédie dont les vers sont si beaux, la morale si pure, si profonde, le caractère principal tracé d'une manière inimitable. Reçu à l'Académie Française en 1748, sans avoir sollicité cette distinction, il obtint, en 1750, des lettres patentes pour l'établissement de celle d'Amiens. Des scrupules de conscience lui firent abandonner une carrière dans laquelle il avait fourni sa course avec éclat. Gresset se retira définitivement à Amiens dans sa maison de campagne du *Plinceau*. Il venait d'être nommé écuyer, chevalier de Saint-Louis, historiographe de l'ordre royal et militaire de Saint-Lazare, lorsque la mort le surprit subitement le 16 juin 1777. Sa dépouille mortelle, déposée d'abord dans le cimetière Saint-Denis, a été transférée dans la Cathédrale. Une simple pierre en indique la place.

De Rodes (Jacques-Joseph), le chevalier, mathématicien distingué, a écrit un grand nombre de mémoires sur les sciences qu'il cultivait. Membre de l'Académie d'Amiens, il mourut en 1761, au moment où il allait être reçu à l'Académie des sciences.

Daire le P. (Louis-François), religieux et bibliothécaire de la maison des Célestins de Paris, né à Amiens en 1713, mort à Chartres en 1792. Froid historien, mais laborieux annaliste, il a laissé sur notre histoire locale de nombreux ouvrages, dont voici la liste chronologique : *Histoire civile et ecclésiastique de la ville d'Amiens*, 1757, 2 vol. in-4°; *Histoire civile et ecclésiastique de Montdidier*, 1365, in-12; *Tableau historique des sciences, belles lettres et arts dans la province de Picardie*, etc., 1769, in-12; *Vie de Gresset*, 1779, in-12; *Histoire littéraire de la ville d'Amiens*, 1782, in-4°; *Histoire civile, ecclésiastique et littéraire de la ville et du doyenné de Doullens*, in-12. M. Caussin de Perceval possédait quelques-uns des manuscrits du P. Daire.

Boileau (Jacques-René), né en 1715, mort en 1772. Il fut directeur de la manufacture de porcelaine de Sèvres, sous Louis XV.

De Gribeauval (J.-B. Vacquette de Fréchencourt, marquis de), lieutenant-général, directeur de l'artillerie sous Louis XV, naquit en 1715. Envoyé en 1762 avec d'autres officiers de son arme au secours de la reine de Hongrie contre le roi de Prusse, il se distingua principalement par sa belle défense de Suidnitz. On lui doit l'institution de l'artillerie à cheval. Il mourut en **1794**.

Dinouart (Joseph-Antoine-Toussaint) l'abbé, prédicateur assez goûté, auquel le P. Daire a consacré un long article. Il a publié des ouvrages sur la science du prédicateur, sur l'histoire ecclésiastique, des traductions d'auteurs latins, etc. Il était né en 1716.

Boistel d'Welles (Jean-Baptiste-Robert), trésorier de France au bureau des finances d'Amiens, etc., né en 1717, mort en 1777. Poète par goût, il consacrait ses loisirs à la langue des dieux. Il est auteur de deux tragédies plusieurs fois représentées à Paris : *Antoine et Cléopâtre* et *Irène*. On a encore de lui quelques pièces fugitives. Il était honoré de l'amitié de Fontenelle, de Crébillon, J.-B. Rousseau, Voltaire, Racine le fils, Piron, Gresset, etc.

Caron (Antoine-Nicolas), né à Amiens en 1719, se distingua dans la gravure sur bois, qu'il apprit de Michel Papillon, regardé comme le restaurateur de cet art. Son chef-d'œuvre en ce genre est le portrait de Papillon. Son goût pour les hautes sciences le conduisit à plusieurs inventions. Accusé d'homicide par imprudence, il se justifia facilement ; mais condamné à une amende qu'il ne put payer, il mourut détenu à la conciergerie de Paris, en 1768.

De Wailly (Noël-François), né en 1724, d'une famille connue dès 1266, mort en 1801. On doit à cet habile grammairien, une *Grammaire française*, un *Dic-*

tionnaire portatif de la langue française, et plusieurs traductions de prosateurs latins. Ce nom est encore de nos jours porté avec distinction dans les rangs de l'Université.

BOULLENGER DE RIVERY (Claude-François-Félix), né en 1725, enlevé par une mort prématurée en 1758. Magistrat intègre, homme de lettres, membre de l'Académie d'Amiens et lieutenant civil au bailliage de cette ville, il a laissé plusieurs ouvrages : entre autres un *Traité sur la cause et les phénomènes de l'électricité*, 2 vol. in-8°; des fables et des contes en vers français.

BIZET (Jean-Baptiste), né en 1728, membre de l'Académie d'Amiens, est connu par différents mémoires sur des questions de physique et d'histoire naturelle, et particulièrement par un *Dictionnaire topographique de la Picardie*, MS., 2 vol. in-4°, auquel il consacra une partie de sa vie, et que possède aujourd'hui un héritier de son nom. Cet homme estimable mourut en 1808, âgé de plus de quatre-vingts ans.

LEGRAND D'AUSSY (Pierre-Jean-Baptiste), littérateur et membre de l'Institut, né en 1737, s'est acquis une certaine réputation littéraire par la publication de *Contes ou Fabliaux*, 4 vol. in-8°; d'un *Voyage en Auvergne*, et de l'*Histoire de la vie privée des Français*, 4 vol. in-8°. Il mourut en 1800, conservateur de la bibliothèque nationale.

CHODERLOS DE LACLOS, né en 1741, colonel d'artillerie, connu par quelques écrits sur la tactique et les fortifications, mais plus encore par le roman intitulé les *Liaisons dangereuses*, ouvrage immoral, malheureusement conçu avec talent et écrit avec les grâces perfides d'un style entraînant et chaleureux. Il mourut en 1803.

Grosier (Jean-Baptiste-Gabriel-Alexandre), ex-jésuite, né en 1743, fut le collaborateur de Fréron à *l'Année littéraire*. Il publia une édition des *Grandes annales de la Chine*, du P. de Moyriac de Mailla, missionnaire à Pékin. Il mourut en 1823, bibliothécaire de l'arsenal et membre de l'Institut.

Gorin (Louis-Charles), chanoine titulaire de la Cathédrale, grand pénitencier du diocèse, docteur ès-lettres, ancien professeur d'éloquence et principal au Collége d'Amiens, ex-proviseur du Lycée, ex-doyen de la faculté des lettres et membre de l'Académie d'Amiens, y naquit en 1754 et mourut le 15 septembre 1833, à l'âge de 89 ans et 6 mois. D'un commerce toujours aimable, d'une remarquable simplicité de mœurs, M. Gorin joignait à beaucoup de finesse d'esprit et d'enjouement une grande étendue de savoir.

Delambre (Jean-Baptiste-Joseph), astronome célèbre, secrétaire perpétuel de l'Académie des sciences, naquit à Amiens en 1749. Après s'être adonné d'abord à l'histoire et à la littérature, Delambre ne commença qu'à 36 ans l'étude de l'astronomie, sous la direction de Lalande, dont il fut le successeur au collége de France en 1807. Ses travaux admirables ont fait faire d'importants progrès à la science, objet de sa prédilection, et l'ont placé lui-même en première ligne parmi les savants des temps modernes. La réputation de Delambre est européenne. Il mourut le 18 août 1822. On a donné son nom à la rue qui l'a vu naître.

Gence (Jean-Baptiste-Modeste), né en 1755, mort à Paris en 1834, littérateur et archiviste distingué, a fourni un assez grand nombre de bons articles à la *Biographie universelle* des frères Michaud.

Carpentier (François-Augustin), né en 1760, se distingua, jeune encore, dans l'art du sculpteur. La façade de la salle de spectacle atteste la délicatesse de son talent. Forcé par la révolution d'abandonner une profession qui ne lui offrait plus alors assez de ressources, il obtint une place de conducteur des travaux des ponts-et-chaussées, et mourut le 27 janvier 1808, à l'âge de 48 ans.

Baron (Jean), membre de l'Académie d'Amiens et bibliothécaire de la ville, né en 1763, mort en 1826, est auteur d'une *Notice sur les Tableaux qui décorent les Salles de la Mairie*, et d'une *Notice historique sur la ville d'Amiens*, restée MS.

Dijon (Jean-Baptiste), né le 17 mai 1769, fit au collége d'Amiens de brillantes études, et fut plusieurs fois publiquement couronné par l'Académie de cette ville. Il n'obtint pas moins de succès au collége du Plessis et au concours général à Paris. Après avoir parcouru d'abord avec distinction la pénible carrière du professorat, il fut nommé Recteur de l'Académie d'Amiens où l'on conserve encore le souvenir de sa paternelle administration. Sa mort, arrivée le 15 mars 1823, excita des regrets universels, et, par suite d'un élan spontané, une souscription fut ouverte entre ses concitoyens, les fonctionnaires et les élèves de l'Académie pour élever à cet homme de bien, moissonné avant l'âge, un monument, qui est aujourd'hui l'un des plus remarquables du cimetière de la Madeleine.

Trannoy (Pierre-Amable-Jean-Baptiste), docteur en médecine à Amiens, ex-professeur d'Histoire naturelle à l'Ecole Centrale du département de la Somme, né en 1772, mort le 25 mars 1831. Ce médecin a publié, en 1819, un ouvrage intitulé : *Traité élémentaire des Ma-*

ladies épidémiques ou populaires. Il fut le principal rédacteur des articles insérés, de 1819 à 1826, dans le Journal de la Somme, sur la *Concordance de l'Etat atmosphérique avec les maladies régnantes à Amiens et dans ses environs*.

Desprez (François-Alexandre), lieutenant-général, né à Amiens en 1780, mort à Bruxelles en 1833. Après avoir acquis sa part de gloire dans les premières guerres d'Allemagne, il s'attacha à la fortune de Joseph Bonaparte, d'abord roi de Naples, ensuite d'Espagne, et le servit toujours avec courage et habileté. En 1812, il fut chargé par l'empereur, auquel il avait été envoyé pour lui demander du secours, de couvrir, avec le maréchal Mortier, la retraite de Russie ; puis il revint en France prendre une part active à la campagne de 1814. Disgrâcié à la seconde restauration, pour avoir, pendant les *cent jours*, repris ses fonctions auprès de son ancien maître, il fut envoyé en surveillance à Amiens. Mais cette disgrâce ne fut pas longue. Confirmé dans son grade de maréchal-de-camp, appelé à la direction de l'école d'état-major, il ne tarda pas à être nommé lieutenant-général. En 1823, il fit la guerre d'Espagne en qualité de chef d'état-major du maréchal Moncey. Lors de l'expédition d'Alger, le gouvernement lui confia un des postes les plus éminents de l'armée, celui de majorgénéral. Rentré en France après les évènements de 1830, il céda aux sollicitations de ses amis et alla en Belgique, où il fut accueilli avec distinction. Malgré les honneurs dont il jouissait, il n'attendait qu'un peu de stabilité dans les nouvelles institutions de ce pays pour se retirer dans sa famille, quand la mort est venue le surprendre, à la veille d'accomplir son dessein.

TABLE DES MATIÈRES.

	Pages.		Pages.
Abattoir	23	Couvents	59
Académie des Lettres	23	Dépôt des Pomp. à incend.	60
Banquiers	105	Description d'Amiens	23
Beffroi	25	Eglises	61
Bibliothèque	26	Eglise Saint-Germain	61
Bicêtre	30, 90	— Saint-Jacques	62
Boucherie	34	— Saint-Leu	63
Boulevards	34, 92	— Sainte-Anne	63
Bourse	33	— Saint-Remi	64
Bureaux de l'Octroi	33	Eglises paroissiales et col-	
Cafés	104	légiales	113
Canal	34	Faubourgs	65
Casernes	35	Faubourg de la Hotoie	65
Caserne d'infanterie	35	— de Hem	65
— des Capets	35	— de Noyon	65
— du Nord	35	— de St-Maurice	66
— de Cérisy	36	— de St-Fuscien	66
Cathédrale	36	— de St-Pierre	66
Changeurs	105	Fontaines	66
Château d'Eau	55	Gare et Débarcadère du	
Cimetières	56	chemin de Fer du Nord	67
Circonférence d'Amiens	40	Halle aux Grains	68
Citadelle	58	Halle Marchande	69
Climat	9	Hôpitaux (anciens)	117
Collège de la Providence	59	Hôpital Saint Charles	70
Communautés (anciennes)	109	Hospice des Incurables	71
Commerce	21	Hôtels	103

TABLE DES MATIÈRES.

	Pages.		Pages.
Hôtel de la Gendarmerie	71	Portes (anciennes)	120
Hôtel-Dieu	72	Ports	89
Hôtel-de-Ville	74	Port d'Aval	89
Hôtels (anciens)	118	— d'Amont	89
Hotoie (la)	94	Préface	1
Industrie	21	Préfecture	90
Introduction	5	Prisons	91
Jardin des Plantes	76	Prison Municipale	92
Journaux publ. à Amiens	104	— des Grands-Chap.	92
Libraires	106	Promenades	92
Lycée impérial	78	Rivières	9
Mairie	74	Rues	10
Maison des Frères	79	Restaurants	103
Maison de Louvencourt	79	Recette générale	105
Maisons remarquables	80	Salles principales	100
Marchés	81	Salle Saint-Denis	100
Monuments anciens	107	— Longueville	101
Musée d'Histoire naturelle	82	Séminaire (grand)	97
Oratoire	83	Société philharmonique	98
Palais de Justice	83	Sociétés savantes	101
Palais épiscopal	84	Tableau des Rues	12
Passages	85	Théâtre	99
Personnages célèbres	127	Télégraphe électrique	101
Places	10, 86	Température	9
Poissonnerie	87	Tours (anciennes)	125
Ponts	87	Usines à Gaz	102
Portes d'entrée	88	Voirie (la)	93

Amiens. Typ. de CARON et LAMBERT, place du Grand-Marché.

OUVRAGES NOUVEAUX DE M. HENRI CALLAND.

PARIS, chez **LEDOYEN**, Galerie d'Orléans, Palais-Royal.

Et à **AMIENS**, chez les principaux libraires.

ZITA LA BOHÉMIENNE,

50 cent. la série de deux livraisons.

LA BEGOM SOMBRE,

Un volume, format Charpentier. — Prix : 4 fr.

LA VENGEANCE DU KHALIFE,

Un volume, format Charpentier. — Prix 60 cent.

ÉPITRE A M. PONSARD,

AU SUJET DE LA TRAGÉDIE D'ULYSSE.

Prix : 50 cent.

Pour paraître incessamment :

LA PERLE D'ORIENT,

ESTHER ou L'AMOUR AUX PREMIÈRES LOGES,

LES MÉMOIRES D'UN SIFFLET, ETC.

www.ingramcontent.com/pod-product-compliance
Lightning Source LLC
Chambersburg PA
CBHW060525090426
42735CB00011B/2378